EN EL DEVENIR DE LOS TIEMPOS, LAS
TRADICIONES METAFÍSICAS SE HAN
TRADUCIDO EN ARTE SACRO Y VISIONARIO.
LA BIBLIOTECA DE ESOTERISMO
EXPLORA EL LENGUAJE SIMBÓLICO DE
NUESTRAS VIVENCIAS UNIVERSALES MÁS
APASIONANTES, LAS HISTORIAS QUE
NARRAMOS A TRAVÉS DE LA PINTURA
Y LA TINTA, EL LIENZO Y EL BARRO.

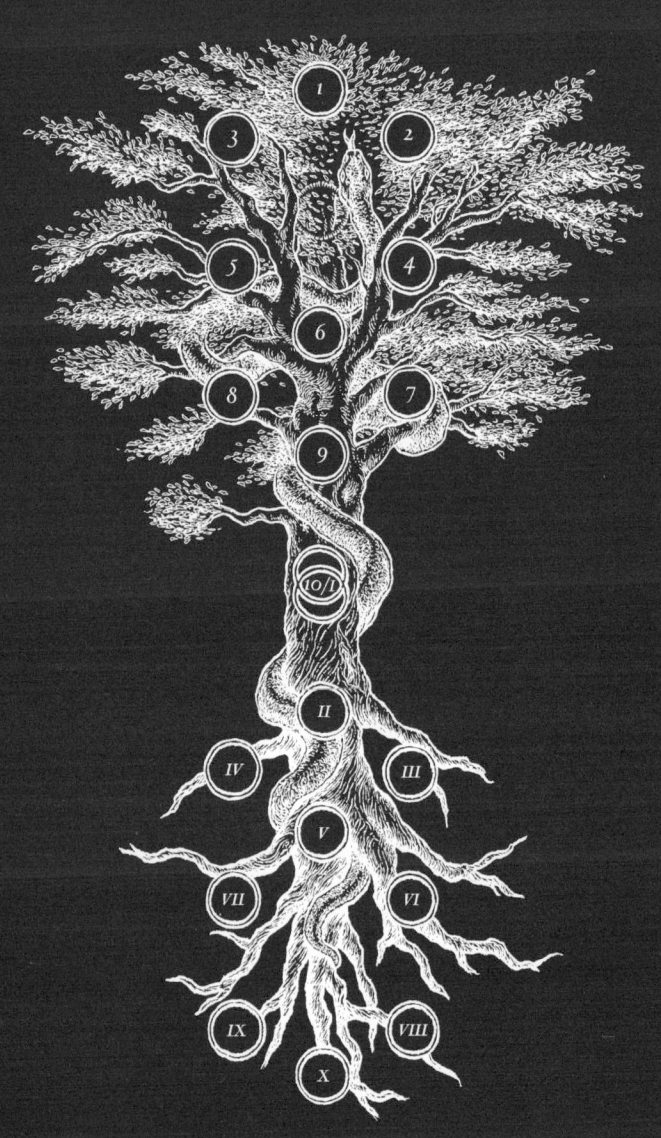

LA BIBLIOTECA
DE
ESOTERISMO

TAROT

EDICIÓN Y REDACCIÓN
Jessica Hundley

DISEÑO
Thunderwing

TASCHEN

TAROT

Lo sagrado y lo arcano

BREVE HISTORIA
DEL TAROT

BREVE HISTORIA
DEL TAROT

Una pitonisa con turbante sostiene una mano frágil y lee el destino en el delicado grabado de las finas líneas de la palma. Una mujer llora al dar la vuelta a una carta, reflejando en su rostro la imagen de una calavera y unos huesos cruzados. Con su evocación de faldas de seda y bolas de cristal, y salones decimonónicos atrapados en el crepúsculo eterno de pesados tapices y cortinas de terciopelo, podría decirse que el tarot se ha convertido en un icono del esoterismo. Para muchos, el imaginario de sus 78 cartas, con su intrincada y misteriosa simbología, representa el mundo sombrío de lo oculto, de las esquinas oscuras de la intuición y la superstición, los lugares donde reinan la magia y los antiguos rituales. Siglos de exploración visionaria y miles de manos creativas —de místicos y artistas que suelen trabajar juntos— han transformado sin cesar los significados simbólicos del tarot. A través de esta transmutación prácticamente constante, el tarot ha mantenido su importancia desde el Renacimiento y posiblemente mucho antes, adaptándose a los vaivenes históricos y culturales. Hoy día, no solo se considera un método de predecir el futuro, sino más bien una musa creativa en pos de la inspiración contemplativa, terapéutica y artística. Se ha convertido en un recurso para el autoconocimiento y en una guía de crecimiento interior. Como todas las tradiciones esotéricas, el tarot es mudable y flexible, permitiendo a las sucesivas generaciones redescubrir y, en última instancia, reelaborar su estructura e iconografía clásicas.

Para la mayoría, el tarot surge de un lugar espectral de nuestra conciencia cultural colectiva, destinado a una oscuridad indefinible y debidamente relegado a las vitrinas de lo arcano. Su historia larga y oscura teje una red de misterios transmitidos a través de escritos secretos, tradiciones orales y libros académicos de filósofos y sabios. El tarot, que posiblemente surgió como un juego de sociedad, evolucionó hasta expresar significados espirituales y adivinatorios más profundos. Aunque las barajas más antiguas que se conservan se remontan a principios del siglo XV, los orígenes exactos del tarot siguen siendo objeto de debate. Hay quien aventura que nació con los antiguos naipes de Turquía y otras culturas de Oriente Próximo. Otros creen que deriva de la tradición adivinatoria oriental del *I-Ching*. Muchos escritores ocultistas de los siglos XVIII y XIX defendían que procedía de los jeroglíficos egipcios, en concreto del lenguaje visual de *El libro de Thoth*, también conocido como *El libro de láminas de oro*. Como dios egipcio de la sabiduría y lo oculto, se creía que Thoth podía medir el tiempo y tenía

el don de la adivinación. Representado con el cuerpo de un hombre y la cabeza de un ibis sagrado, solía pertrecharse de punzón y tablilla, un guiño a sus menesteres complementarios de escriba e historiador. Se creía que *El libro de Thoth*, que según la leyenda escribió el mismo dios, encerraba los secretos de todo el conocimiento esotérico. El ocultista francés Antoine Court de Gébelin escribió en su tratado de tarot *Monde primitif* («Mundo primitivo») de 1781 que *El libro de Thoth*, «dividido en 78 láminas o imágenes, es, lisa y llanamente, el juego del tarot». Esta escuela de pensamiento sentó las bases de numerosas sociedades secretas y sectas que surgieron en Europa a lo largo del siglo XIX, muchas de las cuales empezarían a integrar asiduamente el tarot en los ritos y las ceremonias celebrados en todo el continente y Norteamérica.

En los albores de la evolución del tarot se crearon un sistema numérico preciso y una iconografía peculiar. Una baraja tradicional está formada por 78 cartas, 22 de las cuales representan imágenes arquetípicas principalmente figurativas que, juntas, conforman lo que se conoce como Arcanos Mayores. Las otras 56 cartas corresponden a los Arcanos Menores, cuya simbología reflejan los palos

Pamela Colman Smith · *Sea Creatures* · Inglaterra 1907 Como cocreadora del tarot *Rider-Waite-Smith*, Smith fue una de las artistas del tarot más influyentes del siglo XX. Esta acuarela de sus inicios forma parte del archivo Alfred Stieglitz/Georgia O'Keeffe de la Universidad de Yale.

de las barajas modernas. El concepto de numerología mística también se aplicaba a las barajas, y los naipes se numeraban de modo que se potenciaban más si cabe sus significados simbólico y emocional. Muchas de las primeras barajas también incorporaban iconografía cristiana y hebrea. Numerosos expertos han estudiado la relación entre las 22 cartas de los Arcanos Mayores y las 22 letras del alfabeto hebreo, así como los 22 senderos que unen lo que se conoce como el símbolo de las *sefirot* o el Árbol de la Vida según su representación en las enseñanzas esotéricas de la cábala. Otra hipótesis considera la baraja de tarot una traducción visual de las escrituras de la Torá, la Palabra de Dios transmitida a Moisés.

En opinión de P. D. Ouspensky, el filósofo y matemático ruso de principios del siglo XX, el tarot era un puente entre la conciencia, el mundo espiritual y el plano físico. A su parecer, también seguía los dogmas de la geometría sagrada y la numerología mística, por lo que lo más probable es que sus orígenes se remontaran a alguna cultura realmente muy antigua. En *El simbolismo del Tarot*, de 1913, Ouspensky escribió: «Quien entiende la aplicación del simbolismo en las artes sabe, en general, lo que se entiende por simbolismo oculto. Pero, igualmente, es necesario un entrenamiento de la mente, en orden a comprender el "lenguaje de los Iniciados" y a expresar en este lenguaje las intuiciones que surgen. Hay muchos métodos para el desarrollo del "sentido de los símbolos" en aquellos quienes se esfuerzan para entender las fuerzas ocultas de la Naturaleza y del Hombre, y para enseñar los principios fundamentales, así como también los elementos del lenguaje esotérico. El más sintético, uno de los más interesantes de estos métodos, es el Tarot».

Todas las teorías de los orígenes del tarot están envueltas en un halo de romanticismo. No obstante, de lo que no cabe duda es que el tarot más antiguo que se conserva se originó principalmente en Italia. Las magníficas obras de arte creadas en los siglos XIV o XV solían diseñarse por encargo para la aristocracia y la realeza. Actualmente diseminadas en varias colecciones de museos de Estados Unidos y Europa, muchas de estas cartas y barajas raras tienen su origen en las cortes de Milán y Florencia de principios del siglo XV.

Éliphas Lévi · *El gran símbolo de Salomón* · Francia 1884 Ilustración del primer tratado de tarot publicado por Éliphas Lévi en 1884.

Muy ornamentadas, a menudo cubiertas de pan de oro y de estilo entre gótico clásico y renacentista temprano, las primeras cartas de tarot parecen una evolución de las primeras barajas utilizadas en un juego llamado Tarocchi o Tarok que llegó a Europa procedente de los países islámicos en el siglo XIV. Los naipes mamelucos, como se conocían, estaban formados por figuras y cuatro palos de copas, espadas, oros y bastos. Lo más probable es que se originaran en Egipto, Turquía y otros países de Oriente Próximo. Con una historia que se remonta al siglo XIII, esta baraja podría ser predecesora del tarot y de lo que hoy consideramos los juegos de naipes modernos. Las primeras barajas italianas parecen replicar los naipes mamelucos, con la incorporación de iconografía complementaria para crear lo que se conocía como las barajas de Trionfi («triunfos»), utilizada en juegos similares al *bridge*. Más adelante, en el siglo XV, los franceses transformaron aún más la simbología de los naipes con variaciones que incluían los palos modernos de corazones, tréboles, picas y diamantes.

En la misma época, los albores del Renacimiento inspiraron un despertar artístico y cultural en toda Europa, además de desatar un interés renovado por el misticismo cristiano y las mitologías griega y romana. El imaginario simbólico de las primeras barajas de tarot solía reflejar muchas de estas escuelas de conocimiento esotérico y espiritual, además de rendir homenaje a las narraciones bíblicas del Antiguo Testamento y a ciencias ocultas como la alquimia y la astrología. En 2016, el experto en tarot Robert Place reprodujo minuciosamente la que se considera una de las primeras barajas de tarot conocidas, que él denomina *Marziano*. A raíz de la investigación de unas misivas

del siglo XV que describen una baraja hecha para el duque de Milán en 1412, Place pudo crear una réplica sumamente minuciosa. Al parecer inspirada en una estructura creada por Marziano da Tartona, el astrólogo y tutor del duque, e ilustrada por el artista Michelino da Besozzo, la iconografía del tarot *Marziano* está formada por dioses y personajes clásicos de la mitología romana.

Muchas de las barajas más antiguas que se conservan también parecen provenir de las cortes renacentistas de Italia, a menudo creadas como regalo de bodas y otras ocasiones importantes. Y, aunque al principio el tarot estaba concebido como un juego de naipes, también empezó a utilizarse como un complemento para contar historias y, en algunos casos, para criticar a la corte, similar a las gracias del bufón. De este modo, el tarot se transformó en una manera de comunicar ideas complejas y a veces incendiarias mediante símbolos más que con palabras.

Ya en el siglo XVI, el tarot empezó a asociarse a un sistema de significados adivinatorios. Sin embargo, no fue hasta finales del siglo XVIII cuando se definió específicamente como una inestimable práctica esotérica, cuya metodología habían descrito numerosos textos filosóficos y ocultistas de la época. En esta época el tarot empezó a considerarse un libro de conocimiento universal, un recurso de aprendizaje que trascendía las letras de una página. Su imaginario arquetípico era comprensible incluso para los iletrados, y su simbología, inspirada en una combinación de fuentes antiguas y mitológicas, ofrecía un discurso tan sumamente organizado que definía la relación de uno mismo con el mundo, con los demás y con el yo superior.

Uno de los primeros en proclamar el tarot como un método válido para adivinar el futuro y el destino de las personas fue el francés Antoine Court de Gébelin y su coetáneo Jean-Baptiste Alliette, que se hacía llamar Etteilla (su apellido escrito al revés). El primer tratado de tarot de este último fue *Etteilla, ou L'art de lire dans les cartes* («Etteilla, o El arte de echar las cartas»), de 1770. Al igual que De Gébelin, Etteilla defendía que el tarot formaba parte de un legado secreto de sabiduría del antiguo Egipto. Además de sus escritos sobre el tarot, Etteilla también es conocido como el creador de una de las primeras barajas diseñadas específicamente para la adivinación, el tarot *Grand Etteilla*, que integra correspondencias entre el tarot, la astrología y la caligrafía hebrea. Más adelante, el místico francés Éliphas Lévi asignaría referencias cabalísticas a las singulares barajas del *Tarot de Marsella*. Popularizado por cartomantes franceses como Lévi y, posteriormente, su protegido, el escritor Gérard Encausse (que firmaba como Papus), el *Tarot de Marsella* se usaba como identificador para varias barajas de diseño parecido estampadas en la ciudad portuaria francesa de Marsella. En su influyente libro *Dogma y ritual de la alta magia*, de 1854/1856, Lévi destacó su importancia: «El Tarot es el libro primitivo y la clave maestra de las ciencias ocultas; debe ser hermético porque es cabalista, mágico y teosófico. De todos los oráculos, el Tarot es el más sorprendente por sus respuestas, porque todas las combinaciones posibles de esta clave universal de la Cábala dan por soluciones oráculos de ciencia y de verdad. El Tarot era el libro único de los antiguos magos; es la Biblia primitiva».

Posteriormente, Paul Christian, uno de los discípulos de Lévi, relacionaría cada carta de tarot con el zodiaco cabalístico. En 1889, con el seudónimo «Papus», Encausse publicó *El tarot de los bohemios*,

Artista desconocido · Antigua xilografía · Colección Cary de la Universidad de Yale Italia · 1500
De origen italiano, esta antigua xilografía forma parte de la colección de naipes Cary de la Biblioteca Beinecke de Libros Raros y Manuscritos de la Universidad de Yale. Este insólito ejemplar de xilografía sin cortar muestra cartas de tarot ilustradas en un estilo que se considera precursor del Tarot de Marsella francés.

donde sostenía que el tarot estaba inspirado en el tetragrámaton, el nombre bíblico de Dios escrito con cuatro letras hebreas. Como muchos místicos que alentaban la evolución del tarot, Papus formaba parte de una sociedad secreta, la Orden Cabalística de la Rosacruz (cuyos adeptos se conocían como los rosacruces). Su propio protegido, el escritor suizo Oswald Wirth, publicaría más adelante una baraja que ampliaba la correlación entre los Arcanos Mayores y las 22 letras del alfabeto hebreo, creando un tarot que omitía los Arcanos Menores. Wirth también abundó en la asociación del tarot con el Árbol de la Vida cabalístico. En la cábala occidental, el Árbol de la Vida (u Otz Chiim) es un símbolo que consiste en 10 esferas (las *sefirot*), cada una asociada a una letra hebrea e interrelacionadas mediante 22 senderos. Esta correspondencia entre el tarot y el Árbol de la Vida se exploraría entrado el siglo XX en los textos y las barajas de expertos como Paul Foster Case, Arthur Edward Waite y Manly P. Hall. En *El libro de Thoth*, de 1944, el ocultista Aleister Crowley aseguraba que el tarot «fue diseñado como un instrumento práctico para los cálculos Qabalísticos». Desde entonces, los principios cabalísticos han sentado las bases de la iconografía y las interpretaciones de numerosas barajas modernas.

En el transcurso de los últimos seis siglos, artistas y místicos de todo el mundo no han dejado de adoptar, transmutar y transformar estas teorías y filosofías del tarot, cada uno explorando su propia interpretación individual de lo que hoy es una tradición perdurable de adivinación y revelación. Con cada encarnación, el tarot ha mantenido más o menos intacta su estructura numérica y simbólica, y las 22 cartas figurativas de los Arcanos Mayores y las 56 figuras de los Arcanos Menores han variado muy poco en los últimos siglos. Aun así, la evolución de la compleja simbología del tarot ha llevado a incluir no solo la mitología antigua y las enseñanzas hebreas, sino también creencias esotéricas y ocultas. La filosofía en la que se basa el tarot, gestada en el siglo XVII, ha evolucionado de la mano de las sucesivas generaciones de las escuelas ocultistas masónica y hermética, así como de las sociedades secretas del siglo XIX y principios del siglo XX. Por ejemplo, la Hermandad de la Luz, la organización ocultista de principios del siglo XX, creó su tarot basado en las escuelas egipcias de Etteilla y De Gébelin. El fundador de la hermandad, C. C. Zain, fomentó el uso de los naipes para el análisis personal y para establecer una conexión con un nivel más elevado de conciencia. En su publicación *The Sacred Tarot* («El tarot sagrado»), de 1936, escribió: «Cuando el inconsciente fija su atención en obtener determinada información, los sentidos psíquicos están activos para obtenerla. Las cartas del tarot constituyen tanto una forma de dirigir la atención del alma a adquirir dicha información, como un modo por el que esta misma información […] puede obtenerse en la región de la conciencia objetiva».

Una de las contribuciones más duraderas a la tradición del tarot contemporáneo fue el resultado de una colaboración entre dos miembros destacados de una sociedad secreta, la Orden Hermética de la Aurora Dorada. Fundada en Inglaterra a finales del siglo XIX, se dedicaba al estudio de la magia ceremonial, la astrología, lo oculto y lo paranormal. Uno de los cofundadores de la Aurora Dorada, Samuel Liddell Mathers, sentía una fascinación especial por el tarot y animaba a los adeptos no solo

a estudiarlo, sino también a crear sus propias barajas. En su exhaustivo ensayo *El tarot: su significado oculto, su uso para predecir la fortuna y el método a usar en el juego*, publicado en 1888, Mathers describía las atribuciones de cada carta, ofrecía una breve reseña histórica del tarot y presentaba varios métodos de adivinación. Muchos pensadores, artistas y escritores de la época eran miembros de la Aurora Dorada, entre ellos el poeta William Butler Yeats y Bram Stoker, el autor de *Drácula*, además de la artista e ilustradora Pamela Colman Smith. (La Aurora Dorada también fue una de las primeras socie- dades secretas que aceptaron mujeres). Smith era una estudiosa apasionada de lo oculto y solía practicar la canalización de su obra a través de «visiones», largas sesiones de meditación pro- funda. Fue Smith, en colaboración con el poeta y experto en ocultismo Arthur Edward Waite, también miembro de la Aurora Dorada, quien reimaginaría el tarot para el siglo XX.

La baraja *Rider-Waite-Smith*, publicada en 1910 por William Rider & Son, reestructuró ligeramente el orden de los Arcanos Mayores y alteró notablemente la antigua simbología europea. Muy influida por los textos de las obras de Éliphas Lévi, la baraja se desmarcó de los nombres más tradicionales de los Arcanos Mayores, transformando el Papa en el «Sumo Sacerdote» y la Papisa en la «Sacerdotisa».

Visualmente, la baraja estaba inspirada en el tipo de ilustraciones de las primeras barajas italianas, combinadas con el estilo único y el sistema de iconografía de Colman Smith. Reflejaba su interés por el teatro y la mitología, así como la fascinación de Waite por el misticismo cristiano y la leyenda del rey Arturo. Juntos quisieron expresar lo que Waite denominaba «el significado detrás del significado, una baraja que ejemplifica la tradición secreta de los arquetipos universales». En el libro que acompa- ñaba la baraja, *La clave ilustrada del Tarot*, escribió: «El Tarot es alegórico, por supuesto, es decir, que es simbolismo, pero las alegorías y los símbolos son universales, de todos los países, naciones y épocas». En último término, la baraja resultante transformaría nuestra forma moderna de ver el tarot.

Jesse Bransford · *Rosy Cross Blue* · Estados Unidos 2009 Esta obra contemporánea es una reinterpre- tación de una imagen concebida por la Orden Hermética de la Aurora Dorada a finales del siglo XIX.

Décadas después de la publicación del tarot *Rider-Waite-Smith*, otro miembro de la Aurora Dorada, el ocultista Aleister Crowley, encargó a la artista británica *lady* Frieda Harris la creación de 78 pinturas que con el tiempo se convertirían en el *Thoth Tarot*. Crowley elaboró significados concomitantes más o menos en la línea de la escuela del *Libro de Thoth* de Antoine Court de Gébelin, mientras que *lady* Harris creó un sistema iconográfico completamente original.

Las cartas del *Thoth Tarot* son densas, con un complejo simbolismo y pinturas exquisitamente ejecutadas que suelen combinar la geometría sagrada con referencias literarias y culturales de la época. Aunque estructuralmente similar a la *Rider-Waite-Smith*, la baraja *Thoth* incluía varios cambios de nombres en los Arcanos Mayores y los Arcanos Menores. La Fuerza, por ejemplo, se rebautizó como la «Lujuria»; la Templanza, como el «Arte», y el Mundo, con el alias mucho más expansivo del «Universo». Cada una de estas barajas de la Aurora Dorada influyó profundamente en la evolución de las cartas de tarot a lo largo de los cien años siguientes, a menudo inspirando a los artistas a interpretar el imaginario del tarot a su manera. A su vez, el imaginario ha evolucionado a la par que la historia del arte, expresado en una serie de estilos que reflejan cada época cultural, del Renacimiento al *art déco*, pasando por el dadaísmo y el *collage* digital.

A menudo, la iconografía figurativa del tarot refleja la escuela de misticismo a la que es afín el artista y/o la historia del origen del tarot más profundamente evocadora. Pero el arte del tarot también puede presentar la expresión individual y la estética única y el viaje espiritual de los propios artistas. Mediante varias técnicas (fotografía, sencillo dibujo a línea, óleo, etc.), los artistas siguen traduciendo la narrativa y la simbología de los Arcanos Mayores y Menores, y cada nueva generación busca evolucionar la forma y reinterpretar el medio. Esta exploración continúa hoy día, y en todo el mundo no cesan de surgir nuevas barajas. Sin embargo, lo que ha permanecido maravillosamente intacto a lo largo de la longeva evolución de la forma es la estructura narrativa del tarot. La forma ofrece una historia relevante del viaje humano contado mediante un lenguaje universal y simbólico. Los arquetipos del tarot siguen vigentes 600 años después, ejemplificando la naturaleza y el espíritu de la humanidad, vinculados a nuestras emociones y deseos comunes.

De esta forma, explorar el tarot es explorarnos a nosotros mismos. Como todas las tradiciones esotéricas, el tarot nos recuerda la universalidad de nuestro anhelo de significado, de alcanzar metas y de conexión con lo divino. El tarot no solo refleja una historia de inquiridores, sino también nuestro viaje de expresión artística y la forma en la que usamos la tinta, la pintura y el lápiz para iluminar y celebrar nuestra historia humana común.

Salvador Dalí · «La Muerte», del *Tarot Universal Dalí* · España · 1984 A principios de la década de 1970, a Dalí le encargaron una baraja de tarot para la película *Vive y deja morir* de la saga James Bond. Aunque el encargo se canceló, él siguió trabajando y creó una baraja que se imprimió por primera vez en edición limitada en 1984.

SENTANDO LAS BASES

Primeras barajas e iconografías

El estilo artístico de los orígenes del tarot refleja la época, el país de origen y la mirada personal de cada artista que empezó a dar vida a la forma. Gracias a la investigación de expertos y escritores contemporáneos como Michael Dummett, Giordano Berti y Yolanda Robinson, podemos seguir la pista de 600 años de evolución protagonizados por incontables escuelas de pensamiento e influencias artísticas y culturales.

La variación y la experimentación marcan cada instante de la progresión del tarot. Por ejemplo, están los 97 naipes de la baraja de influencias astrológicas creada a principios del siglo XVI para el juego italiano *Minchiate*. O la variada simbología de los primeros naipes utilizados en juegos de salón en Alemania, Portugal, España y Francia. Estas barajas estaban formadas por palos, más o menos como nuestros naipes contemporáneos.

A través de la transformación de la forma, los coleccionistas, entusiastas y editores han mantenido vivo el legado del tarot en sus archivos, bibliotecas privadas y reimpresiones reproducidas con toda minuciosidad. En las páginas siguientes se muestran solo algunas de las muchas barajas que han contribuido a la evolución del tarot.

Jean Duchesne · *Ilustración de la Rueda de la Fortuna, de Jeux de cartes tarots* · Francia · 1844 De los archivos del editor Stuart Kaplan, esta ilustración de la Rueda de la Fortuna corresponde al libro de Jean Duchesne titulado *Jeux de cartes tarots et de cartes numérales du quatorzième au dix-huitième siècle, représentés en cent planches d'après les originaux avec un précis historique et explicatif,* de 1844.

LA FORTUNE

VISCONTI SFORZA
Siglo XV

Las cartas más antiguas que se conservan se
conocen como tarot *Visconti-Sforza*, ya que probablemente fueran un encargo de Filippo Maria
Visconti, duque de Milán, y su yerno, Francesco
Sforza. Hoy, de esta edición limitada del tarot
Visconti-Sforza solo quedan juegos incompletos
de unas 15 barajas distintas. Posiblemente creadas para el juego de los Trionfi, los ejemplares
son obras de arte primorosamente ilustradas y
bellamente intrincadas. Pintadas a mano con la
representación de lo que acabarían siendo los
arquetipos principales del tarot, son piezas ejecutadas con detalle y están cubiertas de pan de
oro. Sumamente raras, todo indica que estas
primeras barajas se crearon en el estudio del
artista milanés Bonifacio Bembo entre principios y mediados del siglo XV. Actualmente,
la Morgan Library de Nueva York alberga la
versión más completa del tarot *Visconti-Sforza*,
conocido como el *Pierpont Morgan Bergamo*, con
74 de las 78 cartas originales. La Biblioteca
Beinecke de Libros Raros y Manuscritos de
la Universidad de Yale, en New Haven,
Connecticut, alberga una versión que posiblemente formaba parte del primer grupo de
barajas encargadas por el duque de Milán.
Giordano Berti, en su libro *Storia dei Tarocchi*
(«Historia del tarot»), de 2007, fecha los naipes
de la colección de Yale entre 1442 y 1447.

MANTEGNA
Siglo XV

Muestra exquisita de los grabados renacentistas del siglo XV, el tarot *Mantegna* (o *Baldini*) se publicó entre mediados y finales del siglo XV. Los naipes, creados para jugar al *Tarocchi*, incluyen imágenes de las mitologías griega y romana, y varios juegos se conservan en los archivos de instituciones como la National Gallery de Washington, D. C. y la Biblioteca Nacional de Francia. Probablemente originario de Venecia o Florencia, hay quien argumenta que el tarot *Mantegna* podría ser algo más antiguo que el *Visconti-Sforza*. Tampoco hay acuerdo acerca del primer artista que pintó la baraja. Hasta el siglo XIX, se creía que había sido el grabador Andrea Mantegna (de ahí el nombre), pero hoy los expertos creen que pudo ser otro artista italiano: Baccio Baldini, de Florencia, o Michele Pannonio, de Ferrara. Consideradas valiosos ejemplares de grabados de los Viejos Maestros, estas cartas tan detallistas evocan las escuelas hermética y platónica de esoterismo.

PRVDENCIA·XXXV

B   35

SOLA BUSCA
Siglo XV

Estos naipes de vivos colores, de una de las barajas completas más antiguas que se conservan hoy día, fueron de los primeros que se estamparon a partir de grabados sobre metal, posiblemente a finales del siglo XV. Con toda probabilidad originarias del norte de Italia, en 1845 el British Museum adquirió una edición de la baraja. En 1907, la familia milanesa Sola Busca proporcionó fotografías de una versión coloreada a mano de la baraja que había pasado de padres a hijos durante siglos. Con vistosos dibujos figurativos inspirados en personajes y narraciones de leyendas antiguas, el tarot *Sola Busca* también incluye números y letras latinos. Una muestra de los primeros grabados italianos, todo indica que los diseños del *Sola Busca* inspiraron las ilustraciones de Pamela Colman Smith para el tarot *Rider-Waite-Smith* en el siglo XX, así como las de *lady* Frieda Harris para el *Thoth Tarot*, también de principios del siglo XX.

ESTENSI
Siglo XV

Únicamente se conservan 17 cartas conocidas de esta baraja de tarot que recibe varios nombres, como *Gringonneur, Estensi* y *Carlos VI*, puesto que al principio se creía que el artista Jacquemin Gringonneur había creado la baraja para el rey Carlos VI de Francia en 1392. A raíz de la nueva tecnología para datar materiales, en la actualidad muchos académicos modernos sostienen que los naipes se crearon en el norte de Italia unos 100 años después, hacia finales del siglo XV. Estas cartas ilustradas con todo detalle, que forman parte de los archivos de la Biblioteca Nacional de Francia, son un ejemplo notable del arte del tarot. El experto en tarot Giordano Berti y el ilustrador Jo Dworkin restauraron y reinterpretaron de forma minuciosa las imágenes en 2003, y el resultado fue una baraja completa de 78 cartas que replica al máximo el estilo original. Rebautizada como *Golden Tarot of the Renaissance*, finalmente la baraja se publicó en el año 2004.

TAROT DE MARSELLA
Siglo XVII

Estampadas con un estilo gráfico y colorido, las barajas del *Tarot de Marsella* reciben este nombre por su lugar de origen, puesto que muchas se crearon en esta ciudad, conocida por el buen hacer de sus imprentas. Según el experto Michael Dummett, es probable que el tarot llegara a Francia a finales del siglo XV o principios del siglo XVI desde Italia. Las cartas más antiguas que se conservan se atribuyen al artista Jean Noblet y se estamparon en París hacia 1650. Estas xilografías con imágenes cristianas se convertirían en el diseño favorito de místicos del siglo XIX como Éliphas Lévi y Gérard Encausse (Papus) y, más recientemente, del cineasta y experto en tarot Alejandro Jodorowsky. *La vía del tarot*, su libro sobre el *Tarot de Marsella* (escrito con Marianne Costa), es todo un clásico. El *Tarot de Marsella* ha sido motivo de inspiración para la ilustración y la iconografía del tarot, y es el modelo estándar en el que se basaron muchas barajas posteriores.

ETTEILLA
Siglo XVIII

Con imágenes que se desmarcaron de las barajas de las primeras cortes italianas, el tarot *Etteilla* fue obra del ocultista francés Jean-Baptiste Alliette, que solía firmar con el seudónimo «Etteilla». Las cartas están adornadas principalmente con figuras de cuerpo entero, y los motivos suelen asociarse con correspondencias astrológicas o astronómicas. Cuando se publicó por primera vez, cada baraja se acompañaba de textos de Alliette que se referían al tarot como una forma de adivinar el futuro. Probablemente fuera el primero que asignó significados adivinatorios a las cartas de los Arcanos Mayores, y se cree que acuñó el término «cartomancia». Su extenso tratado *Etteilla, ou Manière de se récréer avec un jeu de cartes* («Etteilla, o La manera de entretenerse con un juego de cartas»), de 1770, se considera uno de los primeros libros que exploró el tarot como método de adivinación, y llegó a ser un texto influyente que inspiraría la simbología de muchos sistemas de tarot futuros.

14.

FORCE MAJEURE.

FORCE MAJEURE.

14.

RIDER-WAITE-SMITH
Siglo XX

Publicado a comienzos del siglo XX, el tarot
Rider-Waite-Smith fue una colaboración creativa
entre la artista e ilustradora Pamela Colman
Smith y el académico A. E. Waite que marcó
una clara diferencia con la iconografía temprana
del tarot. Ambos creadores pertenecían a la
Orden Hermética de la Aurora Dorada, una
sociedad secreta del siglo XIX, e integraron
buena parte de las enseñanzas ocultas de la ins-
titución en su reinterpretación de los arcanos
clásicos. Así, por ejemplo, la estructura numérica del tarot *Rider-Waite-Smith* se aleja un
poco de la tradición y va más a la par con las
creencias astrológicas y esotéricas de la Aurora
Dorada. Aun así, no ha caído en el olvido,
principalmente por las peculiares y vibrantes
ilustraciones de Pamela Colman Smith, cuya
integración de la simbología de Waite en el
emblemático estilo ilustrativo de la baraja inspiraría incontables modelos futuros.

LOS ARCANOS MAYORES

El viaje del alma

Un inocente sale de casa, abandona su hogar y se pone en camino, ignorando las maravillas y el peligro que le aguardan. Por el trayecto, empieza a darse cuenta de su propio poder, descubre la dimensionalidad profunda de su yo interior y se enfrenta a sus debilidades y miedos, sacando una fuerza que no sabía que tenía. Ama. Sufre. Comete errores graves y vuelve a levantarse para celebrar sus victorias. Medita. Baila. Llora. Y, a medida que avanza por el camino rocoso y sinuoso, evoluciona y termina interiorizando todos los aspectos de sí mismo: el cuerpo, la mente y, finalmente, el espíritu.

Es nuestro viaje humano —la evolución lenta y penosa de la inocencia a la iluminación— lo que se expresa a través de la narración universal de los Arcanos Mayores del tarot. Sus 22 cartas, diseñadas principalmente con ilustraciones figurativas, emplean un lenguaje puramente simbólico inspirado en los dogmas pagano, cristiano y cabalístico, pero también expresan su significado a través de referencias numerológicas, astrológicas, mitológicas y arquetípicas.

Numerado del 0 al 21, el arco de los Arcanos Mayores empieza (y a veces termina) con el Loco, lleno de ignorancia dichosa y optimismo ciego, cuando da su primer paso hacia el abismo. A lo largo del viaje surgirán obstáculos y se superarán, se librarán batallas y se ganarán, y, por fin se revelará el yo interior. Los arquetipos que se encuentran a lo largo del camino representan interpretaciones eternas del espíritu humano: lo divino, lo masculino y lo femenino, lo asexual y lo animal... todas las dimensiones de nuestras psiques exploradas de múltiples maneras.

En este sentido, el tarot se asemeja a *The Hero's Journey* («El viaje del héroe») de Joseph Campbell, a la psicología de los arquetipos de Carl Jung y a *La Odisea* de Homero, aunque en los Arcanos Mayores estos conceptos se exploran únicamente a través de la expresión simbólica y artística. En consonancia con las letras hebreas, los principales signos del zodiaco y los símbolos totémicos de religiones y

John Trinick y A. E. Waite · *The Waite-Trinick Deck*
Australia/Inglaterra · 1923 La segunda de las
influyentes barajas del ocultista y académico

A. E. Waite, el tarot *Waite-Trinick*, fue una colaboración con el artista John Trinick. La baraja se autoeditó en 1923.

culturas antiguas, cada carta es un pozo de información. La teoría del color, la numerología y el simbolismo vasto y expansivo del mundo natural también contribuyen al diálogo. Se puede escalar la montaña metafórica, el río fluye en femenino y la Luna resplandece maternal.

En los Arcanos Mayores apreciamos más claramente la resistencia milagrosa del complejo vocabulario del tarot. Reinterpretado a lo largo de más de seis siglos, en medio de vaivenes políticos y culturales, la estructura del simbolismo y la imaginería del tarot permanecen intactas. Es cierto que han habido cambios y reinterpretaciones, pero parecen leves teniendo en cuenta las grandes transformaciones que ha experimentado nuestro mundo. Y, mientras que el tarot ha reflejado estilos artísticos muy diversos, como un espejo de las manifestaciones visuales de cada época, la iconografía de los Arcanos Mayores se ha mantenido más o menos idéntica a la de las primeras barajas de tarot conocidas.

Aun así, se aprecia un cambio notable: muchas de las primeras barajas no estaban numeradas. Con el tiempo se creó un sistema para estandarizar el orden, incorporando elementos de la numerología y la astrología, y a cada carta de los Arcanos Mayores se le asignó un número específico. Cada una se asoció a un significado numerológico. Por ejemplo, el 2 se considera una carta de unión y colaboración, mientras que el 7 representa la idea de acción y progresión. Los números pares suelen considerarse estables, mientras que los impares representan el cambio y la evolución. De este modo, el tarot es circular y actúa como tal: cada final significa también un comienzo.

En el tarot, los números también suelen relacionarse con el zodiaco. En el sistema de numeración original, la carta de la Fuerza tenía asignado tradicionalmente el 11 y, la de la Justicia, el 8. No fue hasta la aparición del influyente tarot *Rider-Waite-Smith* que estas posiciones se cambiaron para asociarlas a las correspondencias astrológicas del tarot adoptadas por la Orden Hermética de la Aurora Dorada. Esta baraja de principios del siglo xx reflejaba la creencia de que la octava carta iba asociada a Leo, y la undécima, a Libra. Muchas barajas contemporáneas siguieron este mismo orden. Y, aunque ambas variaciones de la numerología del tarot se consideran válidas, este libro sigue el orden moderno tal como lo estableció el tarot *Rider-Waite-Smith*.

Cuando se estudian en orden numérico, las cartas de los Arcanos Mayores forman una narración conocida: la historia épica que los humanos hemos contado desde que pintamos las primeras figuras en las cavernas. Somos los héroes de nuestro propio viaje, avanzando por la vida con un objetivo en mente y un deseo de satisfacción y crecimiento. En la historia que cuenta el tarot, nacemos en la nada (como sugiere el número 0), emergiendo como el Loco, pero transformándonos pronto en el Mago y aprovechando nuestros talentos únicos de determinación y obstinación. A medida que evolucionamos, conectamos con la Sacerdotisa y la Emperatriz y, así, abrimos las puertas a la dualidad y al mundo interior, a la intuición y a la creatividad fértil. El Emperador y el Sumo Sacerdote ofrecen disciplina, saber académico y guía. Los Amantes iluminan la necesidad de conexiones más profundas con los demás.

El Carro demanda que tomemos las riendas y controlemos nuestro propio destino. La Fuerza nos recuerda que el poder con guante de seda siempre triunfa sobre la fuerza bruta. El Ermitaño nos da permiso para retirarnos, interiorizar y estar en paz. La Rueda de la Fortuna gira sin prestar atención, obligándonos a subirnos a lo alto de los radios y, a veces, quedar aplastados bajo su peso. El cambio es lo único inevitable. La Justicia nos advierte que todas las acciones tienen consecuencias. El Colgado pide la liberación del ego, mientras que la Muerte da lugar a la transformación y al renacimiento. La Templanza marca un momento de sanación y equilibrio, mientras que el Diablo hace travesuras, poniendo en jaque nuestras ideas y creencias. La aparición de la ardiente Torre, con las piedras que se derrumban, nos recuerda que tenemos que replantear, reestructurar o abandonar el pasado en favor de lo que queda por llegar. Con la Torre matamos a nuestros ídolos, destruimos nuestros miedos e incendiamos nuestro pasado. En el silencio que queda tras la destrucción, hace su aparición la Estrella

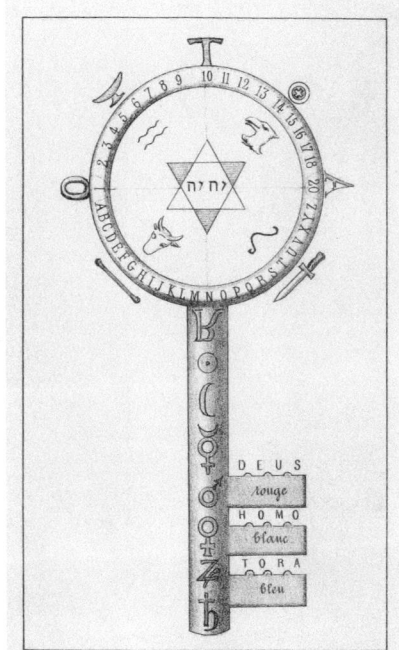

para ofrecer la calma que llega después de la tormenta. La luz menguante de la Luna advierte contra la caída en el desánimo, y el Sol proporciona claridad y catarsis, el momento de revelación. El Juicio permite el perdón, allanando el camino al Mundo, donde el sí-mismo se convierte en parte de un todo mayor.

Pese a que innumerables artistas y místicos han aportado sus visiones únicas e individuales al tarot, los Arcanos Mayores siguen contándonos el mismo relato visual y catártico de nuestra perdurable historia humana, una narración creada con la intención de guiarnos por el descubrimiento y el reconocimiento de nuestro yo interior.

De modo que conocer el tarot consiste en empezar a conocerse a uno mismo. Como escribió Carl Jung: «Solamente se volverá clara tu visión cuando puedas mirar dentro de tu propio corazón. Porque quien mira hacia fuera sueña, y quien mira hacia dentro despierta».

Papus · *Absolute Key to the Occult Sciences* · España/ Francia · 1892 El experto en tarot Gérard Encausse, también conocido como Papus, creó esta ilustración como imagen de cubierta de su influyente tratado de cartomancia, *El tarot de los bohemios*, publicado en Francia en 1889. La minuciosa composición, que incluye símbolos sagrados, expresa lo que Papus denominaba «la clave absoluta de las ciencias ocultas».

LE MAT.

CUALIDADES
Ansias de vivir
Comienzos
Aventura

SÍMBOLOS
Hatillo
Pequeño animal
Precipicio

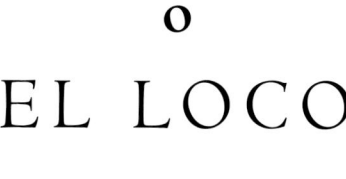

O

EL LOCO

ש

RUMBO A LO DESCONOCIDO

El Loco marca el comienzo del viaje a través de los Arcanos Mayores. Representado generalmente como una persona joven, suele caminar precariamente por el borde de un acantilado o un profundo barranco, a veces haciendo equilibrios con un pie, como si estuviera a punto de caer al vacío. Sin embargo, es felizmente inconsciente del peligro que corre. La ropa y el gorro son de colores vivos, normalmente azules, rojos y amarillos, a veces ornamentados con símbolos. En una mano lleva sus pertenencias envueltas en un pañuelo atado al extremo de una vara que lleva despreocupadamente al hombro. En la otra mano lleva un bastón o una rosa blanca, símbolo de su pureza e inocencia. A los pies suele verse un perro pequeño u otro animal menudo, un compañero fiel y protector de la aventura del Loco. Al fondo están el sol y las montañas coronadas de nieve, que simbolizan el destino que le espera, un camino místico hacia la iluminación. El Loco es un espíritu naciente que se embarca en la búsqueda de experiencia. Surge de la nada y emprende su viaje con la inocencia de un recién nacido. Su historia aún no está escrita, tiene un potencial infinito: todo y nada a la vez. Aún no es racional, sino más bien intuitivo, actúa únicamente por instinto. Ingenuo y espontáneo, una página en blanco que espera la primera gota de tinta, carece de expectativas, carece de pasado. Es impulsivo, obsesivo e irrefrenable. Su despertar lo alimenta y lo renueva constantemente, impelido por el impulso y la creación catártica.

Pierre Madenié · *Tarot de Marsella (Tipo II)*
Francia 1709 El Tipo II es una versión temprana del
Tarot de Marsella creada entre finales del siglo XVII y
el siglo XVIII. Se atribuye al impresor Pierre Madenié,
de Dijon, y forma parte de la colección del Museo
Nacional de Zúrich.

0

The Fool

Mary Elizabeth Evans/Spirit Speak · *Apparition Tarot* · Estados Unidos · 2018 Esta baraja, obra de la artista Mary Elizabeth Evans, de Nashville-forma parte de la serie «Spirit Speak» e incluye ilustraciones influidas por su perspectiva feminista del arte popular y la narrativa del sur de Estados Unidos.

Paula Duró · *El Loco* · Argentina · 2019 La obra de la artista sudamericana Paula Duró suele inspirarse en la mitología y el esoterismo. En sus exploraciones habituales del zodiaco y el tarot, Duró reinterpreta la iconografía tradicional, integrando figuras femeninas y escenas detalladas del mundo natural.

Taylor McCall · *The Major Arcana of the Tarot as Described by P. D. Ouspensky* · Bocaccio Press · 1975
Ilustrada por Taylor McCall, esta rara baraja está basada en los textos de Ouspensky y su tratado de 1913 sobre el tarot. Las imágenes de este libro de edición limitada consisten en serigrafías polícromas.

Lori Walls · *Tarot Erotica* · Estados Unidos · 1999
Publicada originalmente por QED Games, esta rareza de la artista Lori Walls, que hace mucho que está descatalogada, celebra «la energía dinámica entre hombre y mujer mediante una simbología lúcida».

I IL MAGO

CUALIDADES
Determinación
Habilidad
Manifestación

SÍMBOLOS
Varita mágica
Altar
Símbolo de infinito

I

EL MAGO

א

MANIFESTACIÓN DEL DESEO

El Mago está situado detrás de un altar o una mesa, señalando el cielo con una mano y el suelo
con la otra, representando el «como es arriba, es abajo», la conexión simbólica entre los dos mundos,
el universo exterior y la conciencia interior. El Mago ejerce de hilo conductor y enlace entre ambos.
A veces, con la mano levantada sostiene un cáliz o una varita de oro y, en ocasiones, lleva una faja
dorada alrededor de la cabeza. Encima del altar, sus instrumentos están colocados en orden. En la
mayoría de las barajas de tarot, estos instrumentos representan los cuatro palos (Copas, Oros, Bastos
y Espadas), lo que refleja las cuatro direcciones y los cuatro elementos: aire, fuego, tierra y agua.
De vez en cuando, en el altar también hay panes y un plato blanco. Asimismo, la carta suele incluir
el símbolo arquetípico del infinito, el uróboro, representado normalmente como una serpiente que se
muerde la cola, lo que representa la eternidad y la transmutación. El Mago es fuerza de voluntad y
tesón puro y audaz. A través del poder del reino material y espiritual, puede transformar, transmutar
y obrar cambios de muchas maneras usando los recursos a su disposición. Un designio creativo lo
impulsa, y logra sus deseos a través de la alquimia. Es fuerte, poderoso, capaz de alcanzar la fuerza
universal, uniendo cuerpo y mente, para manifestar sus objetivos. Es imaginativo y virtuoso, y aúna
pensamiento y emoción con el objetivo de alcanzar la realización y la fructificación de sus tareas.
El Mago es el potencial hecho realidad, la acción camino de convertirse en manifestación.

Alexander Daniloff · *Tarot by Alexander Daniloff*
Rusia/Italia · 2010 El artista contemporáneo
Alexander Daniloff trabaja con muchas técnicas,

pero esta exploración del tarot se ha traducido en
numerosas barajas, muchas de ellas con referencias
al simbolismo medieval.

I THE MAGICIAN

EL MAGO

Julia Turk · *Navigators Tarot of the Mystic Sea*
Estados Unidos · 1997 Julia Turk trabajó siete años
en su baraja plagada de símbolos. Estudiante de
las enseñanzas cabalísticas y junguianas, imbuyó
sus cartas de una mitología propia protagonizada
por una iconografía intrincada y detallista.

Domenico Balbi · *Tarot Balbi* · Italia · 1976
El artista italiano Domenico Balbi fusiona el simbolismo alquímico, astrológico y cabalístico con una
vívida sensibilidad del arte pop. Pintor prolífico, su
obra suele inspirarse en el esoterismo y el ocultismo.

**Victor Brauner · *The Surrealist (Le Surréaliste)*
Rumanía/Francia · 1947** Este óleo del surrealista/
dadaísta de origen rumano Victor Brauner, que
hoy forma parte de la colección del Guggenheim
Museum, se inspira en la iconografía tradicional del
Tarot de Marsella para crear un autorretrato fasci-
nante del artista de joven. El simbolismo y el imaginario del tarot fueron muy influyentes tanto para
Brauner como para muchos artistas surrealistas de
toda Europa, Sudamérica y Estados Unidos.

Emil Aminollah Kazanlár · *Kazanlár Tarot* · Irán/
Hungría · 1990 Publicada originalmente como
Ecumenical Tarot, esta baraja del artista Emil
Kazanlár combina imágenes cristianas e islámicas
en un grafismo de colores vivos y gran detallismo.

A través del imaginario particularmente expresivo
de los Arcanos Mayores y Menores, Kazanlár se
inspira en su legado iraní con una iconografía que
bebe del folclore y del arte de su patria de adopción, Hungría.

CUALIDADES
Sueños
Intuición
Inconsciente

SÍMBOLOS
Templo · Cruz
Corona
Pergamino

II

LA SACERDOTISA

ב

LA INTUICIÓN DIVINA

La Sacerdotisa está sentada entre dos columnas, una referencia al templo de Salomón, el primer templo según la Biblia hebrea. Aquí, cada columna representa la dualidad, lo masculino y lo femenino, lo negativo y lo positivo. La Sacerdotisa está en medio, lo que sugiere su papel de mediadora e igualitaria, el camino central que une la oscuridad y la luz. En muchas barajas se representa tras un tenue velo adornado con granadas, una referencia a la fertilidad, el renacimiento y el mito griego del viaje de Perséfone al inframundo. La cruz que lleva la Sacerdotisa sobre la túnica azul simboliza su conocimiento de lo divino. La corona evoca su antigua adoración de diosa, y la luna en cuarto creciente simboliza su afinidad con el inconsciente y la intuición femenina. En algunas barajas, la Sacerdotisa tiene un pergamino en la mano, a veces con la palabra «TORA» (o «Torah») escrito en él. La Torá es la Palabra de Dios revelada a Moisés, escrita en los primeros cinco libros de las Escrituras Hebreas. La Sacerdotisa es la protectora de lo sagrado, lo inconsciente, los misterios ocultos de lo desconocido. Permite acceder al reino de los sueños, además de ofrecer sabiduría terrenal. Recuerda que hay que escuchar la voz interior, estar en silencio y hallar el equilibrio entre los opuestos. Se mueve entre la sombra y la luz, apareciendo y desapareciendo, como los ciclos de las estaciones y la rotación del Sol y la Luna. Está en la entrada de lo consciente y lo cósmico, un recordatorio estoico para ver más allá en un lugar más profundo, donde la intuición permite un entendimiento más verdadero. Es un significante de la luz e incluso de la iluminación, que requiere emoción y compasión, equilibrio y levedad. Invita a sentir antes que a pensar, y a optar por la empatía y la ternura frente al caos y la destrucción.

Manzel Bowman · *Manzel's Tarot* · Estados Unidos 2017 Manzel Bowman trabaja con *collage* digital y técnicas de bellas artes, y su obra evoca temas afrofuturistas al tiempo que explora paisajes e iconografías utópicos que suelen adoptar trasfondos místicos y mitológicos.

II

THE HIGH PRIESTESS

Margarete Petersen · *Margarete Petersen Tarot*
Alemania · 2001 Margarete Petersen ofrece su
punto de vista femenino y fantástico de las tradiciones del tarot. El libro que acompaña la baraja
incluye una introducción de Luisa Francia.

Joyce Eakins y Pamela Eakins · *Tarot of the Spirit*
Estados Unidos · 1992 Fruto de la colaboración
entre madre e hija, esta baraja explora los arcanos
con relación a la cosmología, la psicología, las
religiones comparativas y el concepto de la Cábala.

THE HIGH PRIESTESS

Ohni Lisle · Reinterpretación de las cartas del tarot para la revista *Missy* · Estados Unidos · 2018
En esta creación para la revista alemana *Missy*, Lisle transformó los arquetipos de género de los Arcanos Mayores en una serie principalmente femenina, ejecutada con su peculiar grafismo colorista.

Giancarlo Carloni · *Annabella Magie Noire Tarot* Italia · 1979 Para este encargo de Lancôme, la marca de perfumes de lujo propiedad de L'Oréal, el artista Giancarlo Carloni creó unas cartas de tarot muy detallistas y coloridas para la campaña de *marketing* del último lanzamiento de la marca.

dubbi, intuizioni inesatte

Il - La papessa

illuminazione e certezza

III

THE EMPRESS

CUALIDADES
Fertilidad
Creatividad
Abundancia

SÍMBOLOS
12 Estrellas
Corona
Trono
Escudo

III

LA EMPERATRIZ

ג

EL NACIMIENTO DEL TRIUNVIRATO

En la mayoría de las barajas, la Emperatriz representa la fertilidad, la creatividad y el poder femenino divino. Está coronada por 12 estrellas, que simbolizan tanto su conexión con el reino místico, con el zodiaco, como con las estaciones: una estrella para cada planeta y mes del año. Empuña un cetro en una mano y un escudo (o a veces un orbe) en la otra. Desde su trono domina la naturaleza, la creatividad y el crecimiento. Muchos ocultistas atribuyen su corona y su trono al antiguo culto a las diosas Venus y Afrodita. En barajas más antiguas, el escudo lleva la imagen de un águila, la insignia del Imperio romano. En otras, este escudo tiene forma de corazón y está engalanado con el símbolo de Venus. A veces, este símbolo está bordado en el cojín o forma parte del collar de perlas. La suntuosa túnica roja está adornada con granadas (como el velo de la Sacerdotisa), que simbolizan la fertilidad y el renacimiento. Normalmente la Emperatriz se representa rodeada de un entorno natural rico y fecundo: un bosque de verdor exuberante, un río serpenteante o haces de trigo dorado mecidos por el viento. La Emperatriz es la madre cósmica, preñada de vida, ideas y deseos. Su poder femenino se expresa de todas las formas, infinitamente sexual, creativo y maternal. Su energía fluye desenfrenada. Rezuma abundancia, belleza y los placeres gloriosos de los sentidos. Señala el esplendor exquisito del mundo natural, la hoja iluminada por el sol, la noche cerrada. Rige la tierra y el cielo, celebra el cuerpo y la mente mística. Invita a la atención y a la conexión con los dones del gusto, el tacto, el olfato y el oído. Invoca el nacimiento jubiloso y la evolución. La creación, en todas sus expresiones —el niño, el capullo de rosa, la sinfonía— está bajo su dominio.

Niki de Saint Phalle · *Niki de Saint Phalle Tarot* Francia/Estados Unidos · 1987 Una de las primeras representantes femeninas del arte pop de la década de 1960, la artista multidisciplinar Saint Phalle trabajó con multitud de técnicas, de la escultura a la *performance*.

Jen May, Jessa Crispin y Tara Romeo · *Spolia Tarot*
Estados Unidos · 2017 Una colaboración de la
artista Jen May, la escritora Jessa Crispin y la diseñadora Tara Romeo, el tarot *Spolia* está inspirado en
el *Minchiate* italiano. Las cartas están ilustradas con
imágenes de la mitología, la historia y la naturaleza.

Caroline Smith y John Astrop · *The Elemental Tarot*
Estados Unidos · 1999 Una colaboración de la
artista Caroline Smith y el escritor John Astrop, esta
baraja presenta un sistema muy simbólico a partir de
palabras, frases, asociaciones astrológicas y los elementos clásicos del aire, el agua, la tierra y el fuego.

Sebastian Haines · *Tarot of the Golden Serpent*
Estados Unidos · 2013 Con la técnica del óleo
sobre lienzo, el artista contemporáneo Sebastian
Haines creó las pinturas para su *Tarot of the
Golden Serpent* entre 2009 y 2013.

James Wanless y Ken Knutson · *Voyager Tarot*
Estados Unidos · 1985 Esta baraja de estilo *collage*
comprende el imaginario de varias culturas. Concebido como un método de autoconocimiento, el tarot
Voyager presenta un estilo moderno y una estructura
numérica basada en el antiguo *Tarot de Marsella*.

CUALIDADES
Masculinidad
Fuerza
Control

SÍMBOLOS
Trono
Cetro
Montañas
Escudo

IV

EL EMPERADOR

ד

LA ARQUITECTURA DEL PODER

El Emperador se representa como un soberano estoico, con el trono de piedra ornamentado con cuatro carneros que simbolizan su asociación astrológica con Aries y el planeta Marte. Empuña un cetro del poder (también conocido como cruz ansata o egipcia, el símbolo de la vida) y un orbe, una representación de los dominios sobre los que ejerce control absoluto. Normalmente barbado, un reflejo de su sabiduría, madurez y virilidad, el Emperador aparece bajo montañas escarpadas, que simbolizan tanto la fuerza de sus cimientos como las alturas que escalará con toda determinación. Al fondo suele discurrir un riachuelo, lo que indica que no está exento de emociones. Pero el Emperador gobierna ante todo gracias a su férrea voluntad y su intelecto. La corona dorada y la majestuosa túnica roja reflejan su autoridad absoluta. Muchas barajas antiguas también incluyen un escudo descansando junto a su trono, engalanado con el águila, símbolo del Imperio romano. Otras ilustran al Emperador vestido con armadura, como si estuviera listo para la batalla o acabara de regresar victorioso de ella. El Emperador representa el poder absoluto, la divinidad masculina, el padre cósmico. Encarna la autoridad y el orden, la regulación y la lógica. Domina los sistemas del conocimiento, la disciplina, la estrategia y la ley. Su gobierno es resuelto pero paternal. El Emperador confía en la estructura y el control para crear seguridad y estabilidad. Protege y gobierna. Tiene claridad de visión y equilibrio mental. Exige lealtad y orden, y capitanea con calma y fuertes principios. Su planteamiento es sistemático y organizado, y lleva todas sus tareas a buen término. Su sabiduría exige un uso correcto del poder y por eso gobierna siempre con compasión paternal.

Godfrey Dowson · *The Hermetic Tarot* · Estados Unidos · 1980 Reconstrucción basada en el sistema esotérico del tarot desarrollado por la Orden Hermética de la Aurora Dorada a finales del siglo XIX, esta baraja en blanco y negro es obra de Godfrey Dowson y la publicó U.S. Games.

Françoise Corboz · *Le Tarot de Belmont* · Suiza 1995 Detallista baraja de la artista suiza contemporánea Françoise Corboz, *Le Tarot de Belmont* contiene solo las 22 cartas de los Arcanos Mayores, y cada arquetipo está ejecutado en un estilo vívido y gráfico con intrincados motivos decorativos.

Amy Ericksen e Isha Lerner · *Tarot of the Four Elements* · Estado Unidos · 2004 Con ilustraciones de Amy Ericksen y un libro complementario de la escritora Isha Lerner, este tarot moderno está inspirado en la naturaleza y el chamanismo, y explora el significado a través de máscaras, tótems y leyendas.

El Emperador o el Príncipe alquimista.

Suárez · *Apología del libro de Thot Tarot* · España
1980 A través del simbolismo egipcio y el arte figurativo, el estilo de esta baraja única recuerda en
parte al tarot *Brotherhood of Light* de principios
del siglo XX de la Iglesia de la Luz, la organización
ocultista de Los Ángeles.

Peter Dunham y Linnea Gits de Uusi Studio
Pagan Otherworlds · Estados Unidos · 2016 Inspirada en la naturaleza, el misticismo celta y el arte
renacentista, está baraja de edición limitada está
ilustrada con óleos tradicionales de la artista Linnea
Gits y letra manuscrita del diseñador Peter Dunham.

V

THE HIEROPHANT

CUALIDADES
Sabiduría
Enseñanza
Guía interior

SÍMBOLOS
Templo
Túnica
Cruz
Gesto de bendición

V

EL SUMO SACERDOTE

ה

ILUMINACIÓN EN SOLEDAD

El Sumo Sacerdote viste una elaborada túnica azul, blanca y roja, así como una triple corona. Su vestidura revela los tres mundos distintos en los que vive: el consciente, el inconsciente y el supraconsciente. Como la Sacerdotisa, se encuentra en el interior de un templo sagrado. Tiene la mano derecha levantada en señal de bendición, con dos dedos hacia el cielo y dos hacia el suelo. Con la otra mano suele empuñar una triple cruz (o cruz papal), que probablemente representa la simbología cristiana de Padre, Hijo y Espíritu Santo. En algunas barajas también aparecen dos acólitos sentados o arrodillados a los pies del Sumo Sacerdote, preparados para difundir su sabiduría y conocimiento. Otras incluyen la imagen de dos llaves cruzadas a sus pies que simbolizan la revelación de los grandes misterios y el equilibrio entre el intelecto y la mente interior. El Sumo Sacerdote es maestro y profeta, filósofo y poeta. Da valor al conocimiento e invita a una comprensión íntima del mundo exterior y el inconsciente reflexivo. Su planteamiento es ortodoxo; su estudio, formal. Simboliza la estructura, las instituciones y los valores principales del aprendizaje. Acata la doctrina y favorece la decisión activa solo después de una reflexión profunda, un debate racional y una discusión con mentores de confianza. Señala la importancia de legar la sabiduría, pidiendo que todos los maestros se conviertan en mentores. Insiste en la necesidad de compartir todo el conocimiento adquirido. Representa el ritual sagrado, el dogma religioso establecido y la adhesión a una larga tradición. Es sabio, líder y gurú, y proporciona una orientación clara y amable en el camino hacia unos conocimientos más vastos y una comprensión más profunda.

Yoshitaka Amano · *Amano Tarot* · Japón · 2000
El artista contemporáneo nipón se dio a conocer como creador de personajes y escenógrafo de *anime* japonés. Su trabajo presenta influencias de la ilustración *art nouveau*, las xilografías japonesas y los libros clásicos de cómic.

Francesco Clemente · *V The Pope (Jasper Johns)*
Italia · 2011 *The Tarots* es una serie inspirada en los
Arcanos Mayores. Con un imaginario que integra al
círculo de amigos del artista como representantes de
los arquetipos, las singulares obras están realizadas
con tinta, lápices de colores, acuarela y témpera.

Susan Jameson y John Bonner · *Via Tarot: The Path
of Life* · Inglaterra · 2002 Inspirada en la simbología cabalística y los arcanos según la interpretación
de Aleister Crowley, místico y experto en tarot de principios del siglo XX, la moderna colaboración se acompaña de un folleto de atribuciones de 166 páginas.

Alika Lindbergh y Maud Kristen · *Tarot of Eden*
Bélgica/Francia · 2005 Ilustrada por la artista Alika
Lindbergh y con las atribuciones redactadas por
la experta en tarot y escritora Maud Kristen, esta
baraja moderna cargada de simbolismo explora la
tradición desde un punto de vista contemporáneo.

Nicholas Kahn y Richard Selesnick · *The Carnival
at the End of the World Tarot* · Estados Unidos · 2018
Tras exponer fotografías y realizar instalaciones en
galerías de todo el mundo, la versión moderna del
tarot de Kahn y Selesnick incluye seis arquetipos originales, con el resultado de una baraja de 84 cartas.

The Hierophant

THE LOVERS

CUALIDADES
Autoestima
Relaciones
Dualidad

SÍMBOLOS
Querubín o Ángel
Árbol de la Vida
Serpiente
Manzana

VI

LOS AMANTES

ו

OPUESTOS EN ARMONÍA

Un hombre y una mujer están algo separados, con las montañas detrás y el sol en lo alto. Por encima de sus cabezas vuela un querubín o un ángel con las alas extendidas. A veces los Amantes se representan como tres figuras, y el personaje central se enfrenta a la decisión de elegir a uno u otro. En muchas barajas antiguas, los Amantes están retozando en el Jardín del Edén, un paraíso terrenal. De vez en cuando aparece el Árbol de la Vida con sus 12 frutos, así como el Árbol del Conocimiento del Bien y del Mal de la Biblia. Los Amantes también se muestran como una pareja que se casa o se identifican con Adán y Eva, con el ángel como Rafael. Este último se asocia al elemento aire y al signo del zodiaco Géminis, que representa la comunicación y el equilibrio, cualidades indispensables para la fortaleza de todas las relaciones humanas. Los Amantes simbolizan atracción y deseo, la unión de los opuestos, la fusión armoniosa de lo sagrado y lo profano. La dualidad representada aquí indica el equilibrio del yin y el yang, la unión de dos fuerzas contrarias. La distancia entre las dos figuras representa el poder de elección y las responsabilidades inherentes en las relaciones con los demás. Los Amantes requieren equilibrio y una emoción auténtica. Piden amar sin aferrarse a la otra persona, dar sin esperar nada a cambio y empoderarse sin dominar al otro. También inciden en la necesidad de forjarse una personalidad y realizarse como personas antes de embarcarse en una unión. El amor propio es el único camino para alcanzar un vínculo maduro y elevado. Cuando se lucha por las creencias interiores, los deseos auténticos se manifiestan.

Osho y Ma Deva Padma · *Osho Zen Tarot: The Transcendental Game of Zen* · Estados Unidos · 1995 La atribución de esta carta dice así: «Buda definió la compasión como "amor más meditación" [...] dar por el mero placer de dar [...]. Eso es compasión; la compasión es el fenómeno más elevado».

VI

THE LOVERS

Rudolph Pointner · *Pointner Tarot* · Austria · 1974
También conocida como *Tarot Piatnik Wien*, esta
baraja bellamente ilustrada fue creada a principios
de la década de 1970. Se acompaña de un folleto
de 28 páginas y 2 cartas originales de los arcanos
que conforman un juego de 80 cartas en total.

Ricardo Cavolo · *Tarot del Fuego* · España · 2014
Inspirada en los arcanos del *Tarot de Marsella*, esta
baraja moderna reinterpreta el tarot con el colorido
gráfico del autor. Influenciado por las obras de arte
pop y los tatuajes *underground*, Naipes Heraclio
Fournier publicó el *Tarot del Fuego* en 2014.

VI GLI INNAMORATI

Alexander Daniloff · *Tarot by Alexander Daniloff*
Rusia/Italia · 2010

Jonathan Saiz, Jason Gruhl y Andi Todaro
The Fountain Tarot · Estados Unidos · 2017 Fruto
de la colaboración del artista Jonathan Saiz, el
escritor Jason Gruhl y la diseñadora Andi Todaro,
el *Fountain Tarot* ofrece una reinterpretación contemporánea de la iconografía tradicional del tarot.

VII

D. BALBI-75

CUALIDADES
Acción
Ímpetu
Dominación

SÍMBOLOS
Esfinges
Escudo
Armadura
Corona de estrellas

VII
EL CARRO

ז

CARA AL VIENTO

Una figura vestida con armadura, luciendo los laureles de la victoria, avanza con su carro. El vehículo va enganchado a dos esfinges, una blanca y otra negra, que representan la misericordia y la justicia. Sobre su cabeza, un dosel azul bordado con estrellas blancas revela la presencia de lo divino. La figura suele representarse con un cetro o una varita mágica, y en cada hombro lleva el signo de la luna creciente, símbolo del espíritu. El auriga también lleva una corona de estrellas celestiales, aunque en la túnica hay un cuadrado, símbolo de su fuerza de voluntad, y varios signos alquímicos que revelan su arraigo a los elementos terrenales y el mundo material. Debajo de él discurre un ancho río que recuerda que hay que dejarse llevar por la corriente en lugar de querer nadar en contra. Algunas barajas incorporan un escudo delante del carro, que representa la unión de fuerzas opuestas. La esfinge también simboliza esto. Con el objeto de llegar a su destino verdadero, el auriga debe guiar, pero no mediante la fuerza bruta (en la mayoría de las barajas, el auriga nunca lleva las riendas), sino con coraje y fuerza de voluntad. El Carro encarna la determinación y la conquista de la adversidad. Es una carta de acción, de movimiento hacia la consecución de objetivos. Se necesitarán fuerza e ímpetu para alcanzar el éxito y garantizar la victoria. El Carro exige compromiso y disciplina. Los objetivos deberían fijarse muy bien para que el Carro mantenga el equilibrio, con las ruedas en el camino y siguiendo la dirección correcta. Esta carta también simboliza los viajes, tanto en el sentido literal como en el camino del progreso interior. No es momento de pasividad. Es la hora de la convicción y la persistencia, de la diligencia por derribar obstáculos. El auriga renuncia a la ruta fácil, ignorando los rodeos en favor del camino complejo pero gratificante.

Domenico Balbi · *Tarot Balbi* · Italia · 1976 Obra del conocido ilustrador italiano Domenico Balbi, el *Tarot Balbi*, hoy descatalogado, se considera un clásico del arte del tarot de la década de 1970.

VII

DER STREITWAGEN · THE CHARIOT · LE CHARIOT

Roberta Lanphere y Herta Drnec · *Deva Tarot* Austria · 1986 Esta baraja austriaca diseñada a dúo incluye imágenes en color parcialmente inspiradas en las ilustraciones originales del *Thoth Tarot* creadas por *lady* Frieda Harris a principios del siglo XX.

Der wagen

Walter Wegmüller · *Zigeuner-Tarot* · Suiza · 1974
De colores vivos y gran detallismo, la exhaustiva
serie de pinturas del *Zigeuner-Tarot* estaba inspirada
mayormente en las tradiciones del tarot heredadas
en la familia de Wegmüller durante generaciones.
Publicada en varias ediciones, incluida una elegante
versión en blanco y negro, esta intrincada baraja
también se conoce como *Gipsy Tarot* y *Tarot Tsigane*.

VII · THE CHARIOT

Sandra y Chic Cicero · *Golden Dawn Magical Tarot* · Estados Unidos · 1997 Esta baraja moderna es una colaboración de los expertos en esoterismo y escritores Chic Cicero y Sandra Tabatha Cicero. La ilustración es un homenaje estilístico a las pinturas originales del *Thoth Tarot* de *lady* Frieda Harris.

Rolf Eichelmann · *New Century Tarot* · Alemania 2003 Obra del artista y arquitecto alemán Rolf Eichelmann, el *New Century Tarot* reinterpreta los arcanos tradicionales a través de una serie de ilustraciones modernas, coloridas y caprichosas.

CHICAHUALIZTLI

LA FUERZA

CUALIDADES
Energía
Confianza
Potencia

SÍMBOLOS
León
Túnica blanca
Corona de flores
Símbolo de infinito

VIII

LA FUERZA

ךכ

EL DOMINIO DE LA GRACIA

Una mujer abre las fauces de un león enorme. Vestida de blanco como símbolo de su pureza de espíritu, mantiene el dominio sobre el animal, controlando su carácter salvaje con una gracia tranquilizadora. Al fondo se erigen las montañas azules, que representan estabilidad y poder en calma. Aquí, el león, desde siempre un símbolo de coraje, es domesticado por una mujer sabia y valiente. En algunas barajas, la mujer parece acariciar suavemente la frente y la quijada del león, lo que sugiere que la ternura y el amor pueden apaciguar a la fiera embravecida. El león también podría simbolizar la pasión, el deseo primitivo y el instinto animal. La mujer suele representarse con un cinturón y una corona de flores que simbolizan su estrecho vínculo con la naturaleza. Sobre su cabeza flota el número ocho, el símbolo del infinito, que representa la vida eterna y el potencial sin límites. Esta carta significa valentía frente a la adversidad. Sin embargo, no existe coacción, sino que la fuerza interior se utiliza para superar las dificultades y contener la agresión. La compasión y la paciencia tienen la llave para lograr el poder y superar los obstáculos. La carta de la Fuerza celebra la fortaleza en tiempos aciagos o peligrosos. Recuerda que hay que mantener la calma incluso en el fragor de la batalla. La Fuerza invita a destilar objetivos y deseos y a volver a atender las necesidades esenciales. Requiere confianza en el vigor del cuerpo y la concentración de la mente para soportar las dificultades y tribulaciones. Las situaciones se controlan mejor con serenidad y persistencia. La resistencia debe ir unida al sosiego y al compromiso, equilibrada por el aplomo. Confiar en el instinto y la emoción pura, pero dominarlos con acciones constructivas y una perseverancia inquebrantable.

Chicome Itzquintli Amatlapantli · *Tarot Mexicáyotl*
México · 2020 Identificadas en la lengua azteca,
náhuatl, las cartas de esta serie contemporánea de

obras del tarot están ilustradas con imágenes de
la cultura, las prácticas espirituales y los rituales
del pueblo azteca.

Hy Roth · *Linweave Tarot* · Estados Unidos · 1967
El ilustrador Hy Roth fue uno de los muchos artistas
que colaboraron en esta rarez, encargada originalmente como un artículo de *marketing* y promocional
para la papelera estadounidense Linweave.

Noel Arthur Heimpel · *The Numinous Tarot* · Estados
Unidos · 2019 La baraja a tinta y acuarela reinterpreta la tradición de forma radical. Como explica
Heimpel: «El *Numinous Tarot* muestra la belleza de
la diversidad, desde el tipo de cuerpo, la capacidad
y la raza a la identidad y la expresión de género».

STRENGTH

Minka Sicklinger, Bryn McKay y Eve Bradford
Strength · Estados Unidos · 2018 Obra colectiva
de los creativos Minka Sicklinger, Bryn McKay y
Eve Bradford, este estudio de las ilustraciones y los
significados del tarot presenta las obras sumamente
detallistas de Sicklinger acompañadas de las atribuciones poéticas de McKay y Bradford. La serie limitada se creó a través de un proyecto colaborativo
de investigación y contribución artística de los
tres creadores.

STRENGTH

Robert M. Place · *Alchemical Tarot* · Estados Unidos 2008 Obra del artista y académico Robert M. Place, la última edición del *Alchemical Tarot* complementa su libro *The Tarot, Magic, Alchemy, Hermeticism, and Neoplatonism*. Esta baraja se publicó originalmente en el año 1995 y ya va por la cuarta edición.

A través de un estudio minucioso, Place ideó un sistema por el que cada carta de los Arcanos Mayores se relaciona con un proceso alquímico específico. Como explica el artista, la baraja «ilustra que el tarot, como la búsqueda de la alquimia, está diseñado para guiarnos al corazón de la sabiduría interior».

9

THE HERMIT.

CUALIDADES
Silencio
Soledad
Sabiduría

SÍMBOLOS
Farol
Cumbre
Túnica
Báculo

IX

EL ERMITAÑO

ט

UNA LUZ SOLITARIA

Un anciano está solo en la cima de una montaña, con un largo báculo en una mano y un farol encendido en la otra. Vestido con la túnica de un monje, lleva la capucha bajada y luce barba gris. Dentro del farol brilla una estrella de seis puntas que representa el sello de Salomón. En forma de pentáculo o hexágono, el sello, que el ocultismo occidental atribuye al rey Salomón, también se conoce como estrella de David en las tradiciones judías. Cuando se integran en la carta del Ermitaño, estas seis puntas representan una visión interior reveladora. El báculo denota autoridad y poder silencioso. Lo utiliza para guiarse y apoyarse a lo largo del viaje. Los peñascos cubiertos de nieve bajo sus pies indican que ha subido a lo más alto. El Ermitaño ha ascendido a las alturas de la iluminación, y ahora aguarda solo, contemplativo, iluminando con el farol el camino a los de abajo. El Ermitaño es a la vez inquiridor y guía. Toma el camino solitario en busca de la soledad. Pide aislamiento para meditar a solas. Vaga sin miedo por la oscuridad y los caminos traicioneros a través de las montañas del descubrimiento interior. Ilumina con su farol la negrura de su inconsciente, sacando a la luz lo que estaba oculto. Invita a la reflexión, al espacio para crecer, a despejar la mente saturada. Pide que toda acción sea auténtica y acorde a la propia verdad. El farol arroja solo un pequeño círculo de luz, lo que indica que es necesario avanzar y detenerse en silencio cuando se busca el yo superior. El Ermitaño invita a la reclusión y la contemplación. Fomenta el peregrinaje, el retiro, un viaje a tierras sagradas. Lo guía su propia estrella polar, su voz interior. Se detiene. Escucha. Sabe que su destino siempre es, en última instancia, él mismo.

Marty Yeager y Ken Hickenbottom · *Tarot of Meditation* · Estados Unidos · 1975 Representativa del arte fantástico de finales de la década de 1960, esta baraja del artista californiano Marty Yeager y el escritor Ken Hickenbottom está inspirada en temas de la psicodelia y la ciencia ficción.

The Hermit

**Norbert Lösche y Jean Huets · *Cosmic Tarot*
Alemania · 1986** Basada en el tarot creado por la
sociedad secreta Aurora Dorada a finales del siglo
XIX, esta colorida baraja alemana también refleja la
peculiar estética del movimiento New Age de finales
del siglo XX. Los dibujos detallados de colores vivos

del artista alemán Norbert Lösche recuerdan en
parte a las primeras barajas del *Thoth Tarot* por
su simbolismo, pero los arquetipos figurativos evocan
el glamur inspirado en el cine y las pasarelas de
moda de la década de 1980.

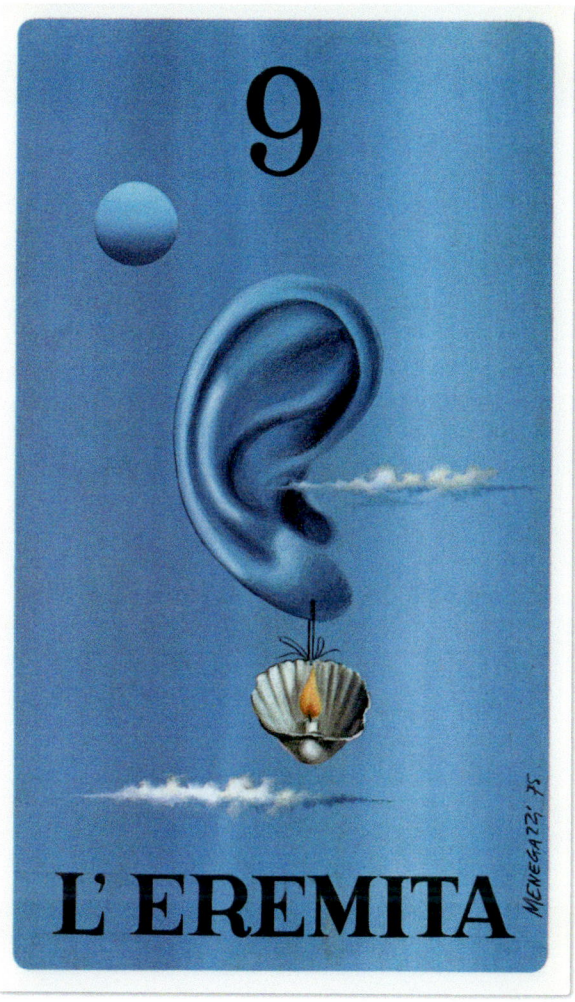

Osvaldo Menegazzi · *Le Conchiglie Divinatorie* Italia · 1974 La creativa baraja del artista italiano Osvaldo Menegazzi analiza los arcanos del tarot a través de una serie de imágenes de valvas y de la vida marina. Una divertida versión acuática de la tradición, esta rara baraja integra el estilo detallado y los colores vivos de Menegazzi.

The Hermit

Nicholas Kahn y Richard Selesnick · *The Carnival at the End of the World Tarot* · Estados Unidos · 2018 Nicholas Kahn y Richard Selesnick, que colaboran artísticamente desde hace tiempo, trabajan con técnicas diversas, incluidas la fotografía artística y las instalaciones. Para su edición limitada de la baraja de tarot se inspiraron en culturas del carnaval de todo el mundo. Trabajando conjuntamente para crear sus arcanos contemporáneos, el dúo esbozó los personajes de cada arquetipo y luego ejecutó los dibujos definitivos con témperas y acuarelas.

VIIII

THE HERMIT

Fergus Hall · *Tarot of the Witches* · Escocia · 1976
El *Tarot of the Witches* del artista escocés Fergus Hall
sirvió de atrezo y de artículo promocional en *Vive
y deja morir*, la película de la popular serie británica
de James Bond de 1973.

CUALIDADES
Cambio
Ciclos
Eterno regreso

SÍMBOLOS
Ángel · Bestias
Anubis · Esfinge
La Torá

X

LA RUEDA DE LA FORTUNA

ט

LOS CICLOS DE LO ELEMENTAL

La Rueda de la Fortuna está plagada de símbolos, todos con significado propio. En el centro está la rueda, cubierta de iconografía esotérica. En cada esquina suele haber un águila, un toro, un león y un ángel, cada uno de los cuales representa un signo del zodiaco: Escorpión, Tauro, Leo y Acuario, respectivamente. Todos tienen la Torá. En las interpretaciones cristianas del tarot, estos animales son alados, y representan a los cuatro evangelistas bíblicos. El tetragrámaton, representado por las cuatro letras hebreas YHVH (Yod Heh Vau Heh), el nombre impronunciable de Dios, está escrito en la rueda. En medio de la rueda están los símbolos alquímicos del mercurio, el azufre, el agua y la sal, los pilares de la vida, así como los cuatro elementos, cada uno de los cuales representa el poder formativo. A la izquierda de la rueda hay una serpiente que desciende, que también representa la fuerza vital zambulléndose en el mundo material. A la derecha se erige Anubis, el dios egipcio de los muertos, que da la bienvenida a las almas al inframundo. Y, finalmente, en lo alto de la rueda se encuentra la Esfinge, que representa el conocimiento y la fuerza. Los ciclos elementales gobiernan el giro de la Rueda, igual que dictan los cambios de las estaciones, el giro evolutivo de las fases de la vida. El punto en el que se detiene la Rueda es tan aleatorio como el azar. En lo alto de los radios o aplastado a los pies de la Rueda, se recuerda que toda transformación es continua. La seguridad de que la Rueda nunca dejará de girar transmite consuelo y advertencia. El cambio es constante. La rueda invita a abrirnos a las sincronicidades, a mantenernos firmes, incluso sabiendo que la mayoría de cosas quedan fuera de nuestro control. Adaptarnos. Ser flexibles. El centro se encontrará de nuevo.

Oswald Wirth · *Oswald Wirth Tarot* · Francia / Suiza · 1977 Basada en la investigación histórica, esta baraja está inspirada en las ilustraciones originales de 1889 del ocultista suizo Oswald Wirth, que publicó las cartas originales de los Arcanos Mayores por primera vez en una edición limitada.

Michael Dowers y Christine Payne-Towler · *Tarot of the Holy Light* · Estados Unidos · 2011 Con ilustraciones de Michael Dowers y documentación de la experta Christine Payne-Towler, el *Tarot of the Holy Light* incorpora elementos de la simbología clásica en la compleja representación artística de cada carta.

Julia Turk · *Navigators Tarot of the Mystic Sea* · Estados Unidos · 1997 La artista británica residente en EE. UU. estudió el tarot, esoterismo y misticismo antes de crear su baraja con figuras andróginas ambientadas en escenas náuticas. El resultado es una reinterpretación surrealista del imaginario de los arcanos.

**Sebastian Haines · *Tarot of the Golden Serpent*
Estados Unidos · 2013** El artista autodidacta contemporáneo Sebastian Haines dedicó casi cuatro
años a crear un complejo sistema de simbología e
imágenes de geometría sagrada para sentar las

bases de su serie de cartas del tarot. Las vibrantes
obras de arte, ejecutadas mediante la técnica del
óleo sobre lienzo, se convirtieron en la base de su
intrincada y surrealista baraja, que denominó *Tarot
of the Golden Serpent*.

Margarete Petersen · *Margarete Petersen Tarot*
Alemania · 2001 La pintora contemporánea
Margarete Petersen creó su baraja de tarot,
una obra profundamente personal y expresiva,
a lo largo de 22 años.

CUALIDADES
Equilibrio
Moralidad
Ética

XI

LA JUSTICIA

ה

ACCIÓN Y CONSECUENCIA

La Justicia representa la ley suprema. Está sentada entre dos columnas del templo sagrado. En la mano derecha empuña en alto una espada de doble filo, que simboliza la imparcialidad, la consecuencia de toda acción y la capacidad de cortar por ambos lados. En la mano izquierda, la de la intuición, mantiene en equilibrio la balanza de la justicia, indicando la necesidad de sopesar lógica y emoción. La Justicia simboliza la verdad, la legitimidad y la ley. Lleva una túnica roja con un manto verde prendido con un broche cuadrado. En el centro de la corona hay una piedra cuadrada: ambos cuadrados simbolizan el pensamiento fundamentado y ordenado. Bajo la túnica asoma un zapato blanco, símbolo del espíritu que hay detrás y que apoya todas las acciones. La cortina es de color morado oscuro, símbolo de su compasión y sabiduría. La Justicia invita al equilibrio. Sabe que cada acción tiene una reacción y una consecuencia. Sopesa y equilibra la balanza. Busca la verdad. Insiste en la igualdad, la ecuanimidad en todos los hechos. Lucha por lo que es correcto y requiere que todos rindan cuentas por los errores cometidos. Actúa con integridad. Sus decisiones están basadas en la lógica y la compasión. Sus dictámenes se emiten con empatía y comprensión. Alienta la elección consciente e invita a que se tomen decisiones con ética. Tiene la mirada limpia. Sabe lo que está bien y lo que está mal. Insiste en la honestidad, especialmente con uno mismo. Pide una explicación por cada acción. Sabe que cada elección y cada decisión afectan de manera global.

Elisabetta Trevisan · *The Crystal Tarot* · Italia · 1994
Este sorprendente tarot moderno, obra de la pintora italiana Elisabetta Trevisan, refleja la técnica de la

artista de combinar pastel y témpera para crear una estética que recuerda a los vitrales.

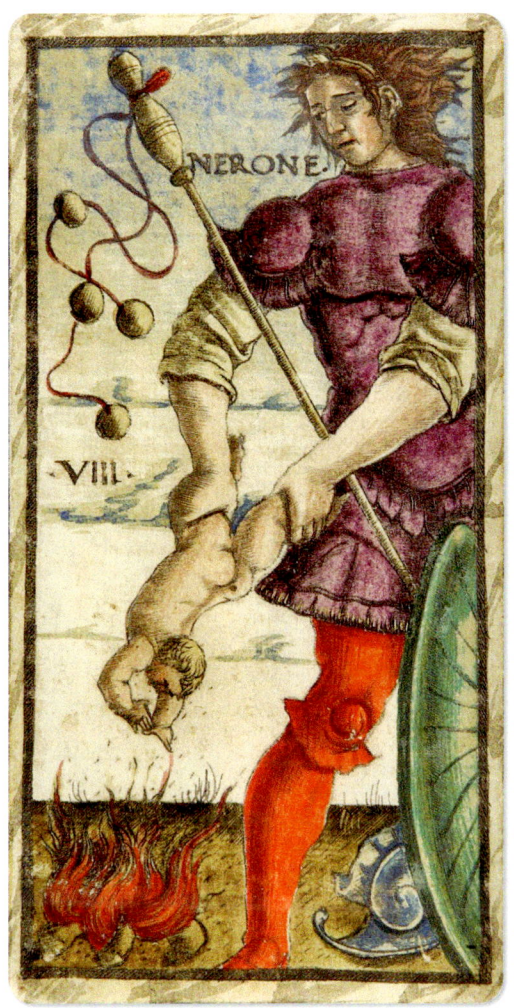

Silvana Alasia y Riccardo Minetti · *The Etruscan Tarot* · Italia · 2002 Con el análisis de los arcanos a través de la simbología de la antigua cultura etrusca, la artista Silvana Alasia y el historiador Riccardo Minetti crean una versión visionaria del tarot clásico.

Artista desconocido · *Sola Busca* · Italia · Principios de la década de 1490 Las cartas del *Sola Busca*, una de las barajas de tarot más antiguas que se conservan, son obra de un artista italiano desconocido y se estamparon a partir de imágenes grabadas sobre metal.

Roberta Lanphere, Herta Drnec y Paul Catty
Deva Tarot · Austria · 1986 Un proyecto conjunto,
esta baraja audazmente gráfica presenta interpretaciones en colores llamativos del arte clásico del tarot,
con caligrafía y otros detalles intrincados. Publicada
en Austria, la primera edición la puso a la venta el
cartógrafo y fabricante de naipes Piatnik. Desafiando
la tradición, los creadores incluyeron un quinto palo
al que llamaron Triax y añadieron estas cartas a los
cuatro palos clásicos de los Arcanos Menores.

Cathy McClelland · *The Star Tarot* · Estados Unidos 2017 Un proyecto en curso de la artista estadounidense Cathy McClelland, el *Star Tarot* incorpora elementos de la astronomía y la astrología a reinterpretaciones sumamente imaginativas del tarot.

Con la técnica del acrílico, McClelland exploró los arquetipos clásicos como figuras míticas y fantásticas, algunas con elementos gráficos de cuentos de hadas y ciencia ficción.

CUALIDADES
Suspensión
Sacrificio
Meditación

SÍMBOLOS
Árbol
Halo
Triángulo
Cruz

XII

EL COLGADO

ל

EL ESPACIO INTERMEDIO

Un hombre está colgado cabeza abajo, con el pie derecho atado a la rama de un árbol que sirve de travesaño de una horca hecha con un árbol vivo. En muchas barajas, tiene las manos ocultas detrás de la espalda, o aferradas a dos bolsas de monedas. La rodilla izquierda está libre y doblada, y su cuerpo adopta la forma de un triángulo y una cruz. Alrededor de la cabeza tiene un nimbo o un halo iluminado. En algunas barajas, la camisa azul está adornada con medialunas, que representan la calma. Los pantalones rojos simbolizan las pasiones del cuerpo. El pelo amarillo, los zapatos amarillos y el halo representan el intelecto. Sorprendentemente, la expresión del Colgado suele mostrarse serena y reflexiva. No sufre ni padece. Su compostura apacible es un signo claro de que está en apuros por propia voluntad. El Colgado ha elegido su estado actual por decisión propia. No se ha visto obligado, sino que se ha puesto cabeza abajo para descubrir una nueva perspectiva y una nueva forma de ver el mundo y a sí mismo. El Colgado también puede indicar el sometimiento absoluto o el sacrificio personal por el bien común. Invita a reajustarnos y a centrarnos de nuevo. Aboga por el sosiego, por un cambio en la visión personal para lograr un nuevo entendimiento. Significa al mismo tiempo cambio, transición y también una profunda incertidumbre. Invita a la consideración reflexiva, al pensamiento antes que la acción. Es el suspenso, la pausa, el breve respiro antes y despés de un cambio trascendental. Es el momento entre el vacío transitorio y una decisión, el espacio entre la elección y la manifestación.

Cathy McClelland · *The Star Tarot* · Estados Unidos 2017 Inspirada en la ciencia ficción, la fantasía y el arte espiritual de varias culturas, la artista Cathy

McClelland trabajó durante varios años en la serie de pinturas acrílicas de vivos colores que constituyen sus complejos arcanos.

the hanged man
XYI

Devany Amber Wolfe · *Serpentfire Tarot* · Canadá
2017 Primera baraja de tarot moderno de esta
artista canadiense, el *Serpentfire Tarot* integra
collage de llamativos colores e imágenes psicodéli-
cas reflexivas. Influida por la primera baraja que
tuvo, el *Tarot of the Thousand and One Nights*,

Wolfe sintió la inspiración de analizar los arcanos
a través de sus propias obras. Como explica en su
manifiesto artístico: «Comencé a experimentar con
mi amor por el simbolismo en mis obras, para poder
llevarlo más lejos y crear barajas de tarot. La idea
de crear 78 obras independientes era emocionante».

Álvaro Barrios · *Barrios Tarot* · Colombia · 1979
Esta baraja de tarot sudamericana, toda una rareza,
está pintada a mano por el artista Álvaro Barrios,
nacido en Colombia. Él mismo la autoeditó en 1979.

Rudolph Pointner · *Pointner Tarot* · Austria · 1974
Obra del artista austriaco Rudolph Pointner, este tarot expresa los arcanos a través de un colorido grafismo abstracto y con profusión de motivos decorativos. También conocido como *Tarot Piatnik Wien*, la primera edición de esta baraja la publicó el prestigioso impresor y fabricante de naipes Piatnik. De estilo experimental, el *Pointner Tarot* sigue siendo una expresión vanguardista del arte del tarot.

THE HANGED WOMAN

Daiana Ruiz y Jerico Mandybur · *Neo Tarot*
Argentina/Estados Unidos · 2019 Obra conjunta
de la artista Daiana Ruiz y la experta en tarot y
escritora ocultista Jerico Mandybur, el *Neo Tarot*
parte de la tradición de los arcanos y reinterpreta
el imaginario y las atribuciones para un público
nuevo. Esta original perspectiva de la simbología
clásica se creó, como explica Mandybur, «como una
herramienta terapéutica para el cuidado personal,
una mayor claridad y la conciencia de uno mismo».

CUALIDADES
Cambio
Ciclos
Liberación

SÍMBOLOS
Caballo
Bandera
Río
Torres

XIII

LA MUERTE

מם

CATARSIS Y TRANSFORMACIÓN

A horcajadas en un caballo blanco como la nieve, la Muerte cabalga enarbolando una bandera negra normalmente adornada con un motivo blanco, el contraste que refleja el día y la noche y el ciclo infinito, el yin y el yang. A veces de pie, guadaña en ristre, en muchas barajas la Muerte se representa como un aterrador esqueleto viviente. Suele vestir armadura, símbolo de su invencibilidad, mientras que su caballo níveo representa la pureza y la inocencia. En el suelo, a sus pies, yacen los cuerpos sin vida de un rey, un papa y un indigente, señalando que la muerte le llega a todo el mundo, sea cual sea su clase social, edad o riqueza. El motivo de la bandera suele ser una rosa blanca de cinco pétalos, que representa la inmortalidad y la luz de la transformación. Al fondo discurre un río, sugiriendo el camino al inframundo o el más allá. A lo lejos, entre dos altas torres, el sol se pone (¿o está saliendo?), símbolo de la transición entre el día y la noche, la vida y la muerte, el declive y el renacimiento. Cada final es un nuevo comienzo. La carta de la Muerte implica transformación, eliminación radical y renacimiento. El pasado queda detrás de nosotros y, el futuro, delante. La Muerte invita a una liberación absoluta para abandonar lo viejo en favor de lo nuevo. Abandona el hábito y reconstruye nuevos caminos en la mente. Invita a soltarnos y a movernos, a que cerremos una puerta y abramos otra. Es la purga, que nos limpia desde el interior. Significa experimentar una profunda metamorfosis y transmutación. Es la muda de la piel, la purificación a través de la destrucción. Requiere transición, cambio y renovación. Destruye para luego poder reconstruir.

Cathy McClelland · *The Star Tarot* · Estados Unidos 2017 Colores vivos y fantasía, mitos e influencias de los cuentos de hadas impregnan las cartas únicas de Cathy McClelland. Ejecutadas como pinturas con la técnica del acrílico, la artista creó sus arcanos a lo largo de varios años.

13. DEATH

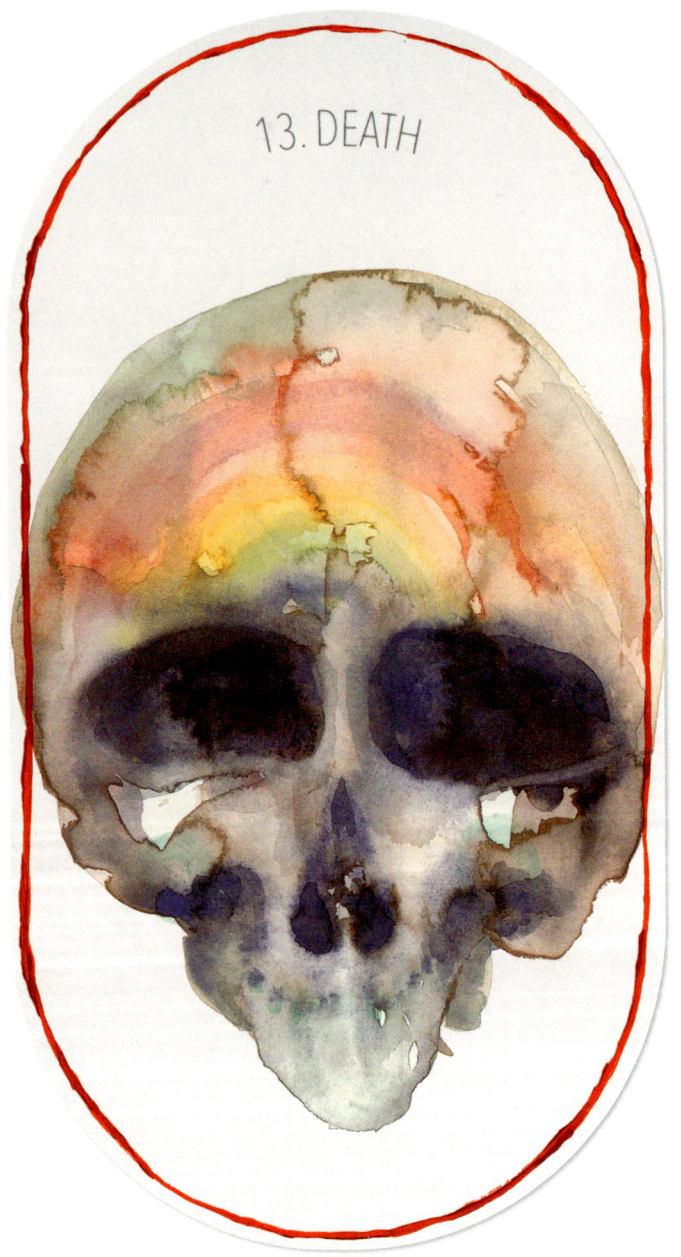

XIII

DEATH

Laura Zuspan · *The Luminous Void Tarot* · Estados Unidos · 2018 The Luminous Void se creó con la intención, como la creadora Laura Zuspan explica, «de ver el tarot como un ciclo de arquetipos y símbolos universales que trazan un mapa de la psicología y el inconsciente humanos».

Margarete Petersen · *Margarete Petersen Tarot* Alemania · 2001 Esta compleja y sorprendente baraja de la artista Margarete Petersen, afincada en Alemania, está pintada a mano en un estilo abstracto e incluye un folleto de atribuciones poéticas escrito por la artista.

Rachel Howe · *Small Spells* · Estados Unidos · 2016
En su afán por dar a conocer el tarot como método
de autoconocimiento, la ilustradora y experta en
tarot contemporánea Rachel Howe creó sus barajas
Small Spells a modo de introducciones completas
a los arcanos.

Barbara Marzena Mirewicz Czumaczenko · *Tarot
Droga* · Polonia · 2011 Creado con una técnica
de arcilla cocida única de la artista polaca Barbara
Marzena, para obtener este tarot de edición limitada
se grabaron los trazos sobre tabletas esmaltadas
al fuego, que luego se pintaron y se fotografiaron.

XIII ŚMIERĆ

DEATH

CUALIDADES
Protección
Moderación
Equilibrio

SÍMBOLOS
Ángel
Túnica
Triángulo dentro
de un cuadrado
Agua

XIV

LA TEMPLANZA

٦

EL OJO DEL HURACÁN

La Templanza se representa con un ángel de grandes alas, a menudo sin sexo definido, que hace equilibrios entre lo masculino y lo femenino y se mueve entre ambos mundos. Suele tener un pie en el agua, símbolo del inconsciente, y el otro en tierra firme, una representación del mundo material. El ángel lleva una túnica azul o blanca, en la mayoría de las barajas adornada con un triángulo dentro de un cuadrado, un símbolo que indica un espíritu equilibrado y regido por la tierra y la ley natural. Tiene un cáliz en cada mano, entre los cuales fluye el agua, símbolo de la conexión del supraconsciente y el subconsciente. La Templanza se mueve con fluidez, como el agua, lo que significa equilibrio, armonía y unión de los opuestos. A lo lejos, un sendero serpentea por una cordillera, indicando un viaje espiritual. En algunas cartas hay una cruz dorada en el cielo, que hace referencia al camino supremo hacia la iluminación. Esta es una carta de equilibrio y moderación, de armonía a través de la estabilidad. La Templanza invita a tener paciencia y señala la necesidad de una base personal estable y receptividad hacia la colaboración y la comunidad. El agua de los cálices fluye en ambas direcciones, del mundo exterior a la conciencia interior, de esta de nuevo al mundo exterior, y vuelta a empezar. La Templanza nos enseña a practicar a plantar un pie en cada uno de estos mundos, el material y el espiritual. La Templanza es la calma en medio de la tempestad, que ofrece paz equilibrando la balanza. La Templanza nos pide que sigamos el camino de en medio, donde el suelo es estable. Nos recuerda que todo aquello racional y material, la creatividad y la ensoñación, y los deseos del cuerpo y la expansión de la mente tienen la misma importancia y deberían considerarse en igual medida.

Bea Nettles · *Mountain Dream Tarot* · Estados Unidos · 1975 La idea de esta emblemática baraja de tarot surgió en un sueño y se llevó a cabo como retratos de familiares y amigos caracterizados como cada uno de los arquetipos clásicos de los arcanos.

Marty Yeager y Ken Hickenbottom · *Tarot of Meditation* · Estados Unidos · 1975 Marty Yeager y Ken Hickenbottom integraron interpretaciones modernizadas de los arcanos vistas a través de una perspectiva onírica y fantástica.

Gareth Knight · *Gareth Knight Tarot* · Inglaterra 1984 Influida por las enseñanzas de la Orden Hermética de la Aurora Dorada, esta baraja descatalogada del artista y experto en tarot Gareth Knight incorpora iconografía del *Thoth Tarot* de *lady* Frieda Harris en las llamativas formulaciones gráficas.

XIV TEMPERANCE

David Palladini · *Aquarian Tarot* · Estados Unidos 1970 Con la incorporación de técnicas de ilustración *art déco* y *art nouveau* junto a una sensibilidad moderna del arte pop, el *Aquarian Tarot* es una de las barajas más populares y conocidas de finales del siglo XX. Publicados por primera vez por Morgan Press en 1970, hoy día los naipes los distribuye U.S. Games. Palladini fue un prolífico diseñador y artista que solía integrar temas esotéricos y ocultistas en su obra sumamente detallista.

Matt Hughes · *Ethereal Visions Tarot* · Estados Unidos 2018 Inspirado en el movimiento *art nouveau* de finales del siglo XIX, Matt Hughes pintó esta baraja moderna a mano. Los intrincados dibujos no solo reflejan la influencia de la estética *art nouveau*, sino también la huella de los pintores prerrafaelitas y simbolistas, así como el arte del tarot de principios del siglo XX de Pamela Colman Smith. La primorosa baraja se acompaña de un folleto de 48 páginas de atribuciones escritas por la mujer del artista, Hope.

XV

The Devil

CUALIDADES
Pasión
Creatividad
Lujuria

SÍMBOLOS
Pentagrama
Llamas
Grilletes
Bafomet

XV

EL DIABLO

ס

MÁS ALLÁ DE LOS LÍMITES

En su forma más arquetípica, en el tarot el Diablo se representa mediante el bafomet cornudo, el sátiro de mirada lasciva, mitad hombre y mitad macho cabrío, de cola bífida y alas de murciélago, con el símbolo oculto del pentagrama invertido grabado en la frente. En algunas barajas se representa como hermafrodita, con los pechos desarrollados o los pies en forma de garras de cuervo. Un hombre y una mujer desnudos están encadenados a su pedestal de piedra, lo que demuestra el dominio y la esclavización que ejerce sobre ellos. A veces la pareja también se representa con cuernos y colas, transformados en semidemonios por su amo. Pero, si se observa atentamente, resulta evidente que los grilletes que llevan alrededor del cuello en realidad están sueltos. Si se han rendido a sus instintos más básicos, lo más probable es que sea por voluntad propia. El Demonio pide honestidad en todas las valoraciones propias e invita a una confrontación y una aceptación de los deseos más primarios. Obliga a admitir la adicción, el impulso y la manipulación. Es un significante del aprisionamiento, de la insatisfacción, de la dependencia por lo material frente a lo espiritual. Para franquearlo hay que profundizar, enfrentarse a los defectos y encontrar el perdón. Ve con buenos ojos la complacencia, la codicia y la tentación. Aun así, el Diablo también puede ser bien acogido. Ofrece tierra fértil para la creatividad, encendiendo la pasión y alimentando la pira de ideas e imaginación. En espacios oscuros, emerge la poesía de las sombras. Nos ponemos las cadenas alrededor del cuello. Para liberarnos de los grilletes del Diablo, tenemos que quitarnos la máscara y enfrentarnos a nuestros propios demonios.

Luigi Scapini · *The Medieval Scapini Tarot* · Italia
2005 El artista y experto en tarot italiano Luigi

Scapini eligió investigar barajas del siglo XV para recrear con detallismo un tarot de la época medieval.

Vandenborre · *Tarot Flamand de 1780* · Bélgica
1780 Réplica histórica de una célebre baraja antigua, esta recreación del *Tarot Flamand* está basada

en las xilografías originales creadas a finales del
siglo XVIII por el artista Vandenborre, afincado
en Bélgica.

XV

The Devil

Peter Dunham y Linnea Gits de Uusi Studio
Pagan Otherworlds · Estados Unidos · 2016 Los artistas incorporaron al tarot *Pagan Otherworlds* una vigesimotercera carta de los Arcanos Mayores llamada *The Seeker* («el buscador») y cinco *Luna Cards* («cartas de la luna»), con el resultado de una baraja moderna de 84 cartas. Con influencias que van del mundo natural a la mitología celta, esta versión moderna del tarot es solo un ejemplo de la serie creada por el estudio de diseño de la pareja, Uusi.

Marty Yeager y Ken Hickenbottom · *Tarot of Meditation* · Estados Unidos · 1975 Esta rara baraja de Marty Yeager y Ken Hickenbottom presenta interpretaciones divertidas y a veces un tanto surrealistas de los Arcanos Mayores y Menores. Con temáticas como la psicología, los sueños y el inconsciente, todas las cartas evocan el estilo del arte fantástico popularizado en la década de 1970.

James Wanless y Ken Knutson · *Voyager Tarot* Estados Unidos · 1985 Esta baraja visualmente compleja, creada con una técnica de *collage* que integra fotografía, ilustración y pintura, se concibió como una herramienta meditativa y terapéutica. Cada carta de la baraja *Voyager* explora rituales y símbolos antiguos, así como leyendas de todo el mundo.

The Tower

CUALIDADES
Cambio interior
Crisis de identidad
Destrucción

SÍMBOLOS
Estructura de piedra
Llamas, fuego
Cuerpo en caída libre
Monedas de oro

XVI

LA TORRE

ע

LA LIBERACIÓN DE LA DESTRUCCIÓN

Un ardiente relámpago ha prendido fuego a la Torre. Las llamas salen disparadas por las ventanas de piedra, los cuerpos saltan de las alturas presos del pánico, tratando de escapar de la destrucción y el derrumbe inminentes. En ocasiones se ilustran otros objetos en caída libre: ladrillos, piedras, monedas de oro, gotas de agua o pequeñas llamaradas. En algunas barajas, la Torre tiene una puerta; en otras, sus caras de piedra sin rostro no dan muestra de entrada ni salida. Cuando el edificio se viene abajo, detrás se vislumbra la cumbre rocosa de una montaña, el mundo natural indiferente a la escena explosiva que tiene lugar a sus pies. La Torre representa la necesidad de que desaparezcan antiguas estructuras para dejar espacio a las nuevas. La piedra hecha añicos de los muros de la Torre es un símbolo de cambio repentino. Es una carta que simboliza cambios trascendentales y radicales, una transformación revolucionaria que sacude los cimientos endebles y derriba las tradiciones. La antigua usanza ya no es viable. Aparecen grietas, el cielo se abre y los ladrillos se desmoronan. A veces, la catarsis llega de manera inesperada, sin avisar. No hay escapatoria. Caos, desconcierto, una fisura causada por el relámpago del conocimiento. Independientemente del método, la ilusión debe de ser y será destrozada. Los mundos se derrumban y, aun así, se levantan de nuevo. Las falsedades se disipan, la perspectiva cambia brutalmente y, cuando el polvo se asienta, las primeras flores nuevas brotan entre los escombros.

Norbert Lösche y Jean Huets · *Cosmic Tarot*
Alemania · 1986 Los dibujos de líneas bien
definidas y las imágenes a todo color renuevan
la tradición del tarot en la baraja *Cosmic Tarot*
de Lösche y Huets.

✷ XVI THE TOWER ✷

Noel Arthur Heimpel · *The Numinous Tarot*
Estados Unidos · 2019 Creado por el artista Noel Arthur Heimpel, el *Numinous Tarot* reformula completamente la tradición del tarot. Pintada con acuarelas y tintas, la baraja se desmarcó del simbolismo clásico de los arcanos y reinventó el tarot para integrar conceptos más inclusivos de género, raza e identidad. La baraja se acompaña de un exhaustivo manual escrito por Heimpel que explora el tarot como práctica terapéutica.

THE TOWER XVI

Jonathan Saiz, Jason Gruhl y Andi Todaro · *The Fountain Tarot* · Estados Unidos · 2017 Fruto de la colaboración del artista Jonathan Saiz, el escritor Jason Gruhl y la diseñadora Andi Todaro, el *Fountain Tarot* reinventa y reimagina los arcanos desde una perspectiva fresca y moderna. Acompañada de un manual fácil de usar y de entender, la baraja pretende desmitificar y descifrar los arcanos, creando un sistema que puede utilizarse para la inspiración meditativa y creativa.

situazione bloccata, crollo

XVI - La torre

situazione di rottura irreversibile

Walter Wegmüller · *Neuzeit-Tarot* · Suiza · 1983
El suizo Walter Wegmüller, pintor y miembro de
un grupo de *krautrock*, creó sus arcanos del tarot
vibrantemente alucinógenos entre finales de la
década de 1970 y principios de la de 1980.

Giancarlo Carloni · *Annabella Magie Noire Tarot*
Italia · 1979 El tarot *Annabella*, que incluye únicamente los Arcanos Mayores, lo creó el artista italiano
Giancarlo Carloni por encargo de la firma de cosméticos Lancôme para promocionar el lanzamiento
de su nuevo perfume Magie Noire.

XVII

THE STAR.

CUALIDADES
Despertar
Guía
Esperanza

SÍMBOLOS
Agua
Pájaro o mariposa
Árbol de la Vida
Vasijas

XVII

LA ESTRELLA

פ

ILUMINACIÓN PURA

Una mujer se arrodilla en la orilla de un estanque centelleante. Sobre su cabeza, una gran estrella central domina el cielo nocturno, rodeada por siete pequeñas estrellas que, en muchas barajas, simbolizan los siete chakras. Un pájaro, o una mariposa, se posa en la rama de un árbol, una representación de la naturaleza y del Árbol de la Vida. La mujer está desnuda y se muestra inocente y vulnerable. Sostiene dos jarras de agua. La mano derecha vacía una jarra en las azules profundidades del estanque mientras, con la izquierda, vacía la otra en la tierra rica y fértil. El pie derecho de la mujer toca la superficie del agua del estanque, símbolo del poder femenino y la fuerza espiritual. Tiene el otro pie plantado firmemente en el suelo, lo que revela su sentido práctico y la conexión con el mundo terrenal. La Estrella ilumina, ofreciendo esperanza e inspiración. Nos recuerda que todo lo que uno necesita puede encontrarse en el interior. Trae un mensaje de fe que preludia visión interior, poder espiritual y la belleza perdurable del mundo natural. Su luz clara penetra a través de la oscuridad, los rayos se propagan hacia el exterior mientras se desprenden de lo innecesario y lo falso. Revela la pureza del corazón de las cosas. Está junto al manantial, nutriendo el crecimiento y favoreciendo la claridad. Es generosa con sus ofrendas. Abre suave y tiernamente el corazón, desatando energía, fertilidad, creación. Sus dones son aún más dulces por las batallas libradas para alcanzar su dominio.

Pamela Colman Smith y A. E. Waite · *Rider-Waite-Smith Tarot* · Estados Unidos · 1910

El tarot *Rider-Waite-Smith*, un clásico del siglo XX, es uno de los más influyentes de la historia.

17

THE STAR.

Marty Yeager y Ken Hickenbottom · *Tarot of Meditation* · Estados Unidos · 1975 Una rareza de la escena del arte pop del sur de California de la década de 1970, el *Tarot of Meditation* infunde una sensibilidad psicodélica al imaginario tradicional de los arcanos.

Devany Amber Wolfe · *She Wolfe Tarot* · Canadá 2017 Inspirada en su práctica espiritual y meditativa, la artista Devany Amber Wolfe ha creado varias barajas modernas impactantes que abordan los temas del feminismo, el poder y la inclusión.

THE STAR

Alex Ukolov y Karen Mahony/Baba Studio
Victorian Romantic Tarot · Irlanda · 2006 Inspirada
en un grabado de Leopold Schmutzler, esta baraja
exuberante y sensual adopta el estilo «barroco

moderno» que caracteriza la obra de Baba Studio,
un estudio de arte y diseño textil del matrimonio
formado por Ukolov y Mahony.

Osvaldo Menegazzi · *Le Conchiglie Divinatorie* · Italia
1974 Una reinterpretación moderna de los arcanos
tradicionales del tarot, esta fantástica baraja del
artista italiano Menegazzi explora el simbolismo
esotérico de las cartas dentro del contexto del arte
visionario inspirado en los colores y las criaturas
del mar.

CUALIDADES
Intuición
Gestación
Ilusión

SÍMBOLOS
Perro
Lobo
Columnas
Cangrejo de río

XVIII

LA LUNA

צ

CRUZANDO EL UMBRAL

La luna llena y preñada se cierne sobre el cielo nocturno, iluminando un camino que se pierde serpenteante a lo lejos. Un perro y un lobo aguardan cual centinelas y, en algunas barajas, aúllan a la luz lunar. Ambos animales representan lo salvaje y lo domesticado, la dualidad de la naturaleza humana, lo leal y lo montaraz, que se dan la mano. En barajas más antiguas hay dos astrónomos en la escena que observan los cielos. En otras, una mujer conduce un carro tirado por un caballo por el cielo, con una luna creciente en la palma de la mano derecha. En la representación más popular aparece un pequeño crustáceo que acaba de emerger de un estanque que hay en segundo plano. El cangrejo de mar o de río es un significante de nuestra lenta evolución hacia la iluminación, nuestra salida de las aguas turbias a tierra firme y, finalmente, al aire y al espíritu. A lo lejos, dos torres idénticas flanquean el camino, representando la línea entre lo inconsciente y el estado de vigilia, lo bueno y lo malo, y todas las posibilidades intermedias. La tenue luz de la Luna revela verdades ocultas, realidades con una necesidad imperiosa de que las descubran. Ofrece claridad, pero solo si hay voluntad de profundizar en el interior. Insiste en que la intuición, más que la razón, nos guíe a través de las sombras internas. Exige la renuncia de lo negativo, y espera de nosotros una transformación constructiva y constante. Nos recuerda que seamos conscientes de la diferencia entre ilusión y realidad. La Luna simboliza los sueños, la intuición y el inconsciente acuoso de lo femenino cósmico. Invita a que conectemos siempre con lo divino, los mundos que hay detrás del velo, y que aprendamos de la naturaleza, de las lecciones del ciclo de crecimiento y mengua.

Cathy McClelland · *The Star Tarot* · Estados Unidos 2017 A lo largo de varios años, la prolífica artista estadounidense McClelland creó los arcanos oníricos y vívidamente complejos de su impresionante tarot contemporáneo.

XVIII

La Lune

Maria Grazia Chiuri · *La Lune Tarot pour Dior* Francia · 2017 Una serie de intrincados dibujos a pluma y tinta, los arcanos del tarot ilustrados para las colecciones de Dior son una versión de la directora creativa de la firma de moda, Maria Grazia Chiuri, e inspiraron varias colecciones.

Maria Distefano · *Circle of Life Tarot* · Italia · 2007 Con una reinterpretación de los arquetipos como seres de cuentos de hadas, esta singular baraja circular de la artista Maria Distefano basa su mitología en los elementos de tierra, aire, fuego y agua.

illusioni, disagio, calunnia

XVIII - La luna

inquietudine, presagi

Giancarlo Carloni · *Annabella Magie Noire Tarot*
Italia · 1979 Creada para promocionar el perfume
Magie Noire, esta serie limitada de vibrantes colores de los Arcanos Mayores fue un encargo de la
empresa de cosméticos Lancôme.

David Palladini · *Aquarian Tarot* · Estados Unidos
1970 El *Aquarian Tarot* de David Palladini se
publicó por primera vez en 1970 y fue uno de los
más populares e influyentes de finales del siglo XX.

CUALIDADES
Vitalidad
Nueva vida
Energía

SÍMBOLOS
Niño desnudo
Estandarte de victoria
Caballo blanco
Girasoles

XIV

EL SOL

ק

LA LLAMADA DEL CLARÍN

Un niño desnudo e inocente cabalga a lomos de un caballo blanco al tiempo que enarbola una ondeante bandera de victoria. Sobre su cabeza hay un sol enorme, normalmente representado figurativamente, con el rostro sereno y paternal. Esta imagen representa la fuente de toda la vida en la Tierra. La carta también representa la inocencia y la pureza de la infancia, enfatizadas especialmente por el caballo blanco, símbolo de fuerza y nobleza. Al fondo, cuatro girasoles crecen por encima de una pared de ladrillo. Representan los cuatro reinos de la naturaleza –animal, vegetal, mineral y humano–, los cuatro palos de los Arcanos Menores y los cuatro elementos. El Sol rige sobre todos ellos. Empieza un nuevo día radiante y luminoso. El Sol da fuerza. Ofrece abundancia y vitalidad. Significa salud y vigorización, claridad y confianza, todo sin ego. Esta es la carta de la consecución y el cumplimiento. El Sol da abrigo a todo lo que toca. Pero también invita a compartir el éxito, a que todas las recompensas se repartan equitativamente. Es la llamada del clarín de la victoria frente a la oscuridad, de nuestro afloramiento a la luz. Es la fuente de poder y energía, el combustible que alimenta la voluntad divina.

Fiona Morgan · *Daughters of the Moon Tarot* · Estados Unidos · 2000 Publicado en 1984, y considerado uno de los más relevantes de finales del siglo XX, el tarot *Daughters of the Moon* ofrece una perspectiva feminista de las tradiciones de los arcanos y una exploración diversa de los arquetipos femeninos.

Françoise Corboz · *Le Tarot de Belmont* · Suiza 1995 Las ilustraciones que conforman *Le Tarot de Belmont* combinan el simbolismo tradicional con el grafismo único de Corboz.

Julia Noonan y Julia Remine Piggin · *Pop Rock Tarot* Estados Unidos · 1972 Una colaboración de la artista Julia Noonan y la escritora Julia Remine Piggin, esta rara baraja de tarot recortable evoca músicos y canciones populares. La publicó Scholastic en 1972.

XIX

David Palladini · *Aquarian Tarot* · Estados Unidos 1970 Esta influyente baraja es una de las distintas exploraciones de los arcanos que el difunto Palladini realizó a lo largo de su prolífica carrera.

Manzel Bowman · *Manzel's Tarot* · Estados Unidos 2017 Con un *collage* de estilo contemporáneo inspirado en el imaginario de los arquetipos clásicos, el artista Manzel Bowman crea su propia simbología sumamente original, redefiniendo la iconografía de la tradición del tarot.

CUALIDADES
Despertar
Renovación
Perdón

SÍMBOLOS
Ángel
Montañas
Trompeta

XX

EL JUICIO

ר

VERDAD Y CONSECUENCIA

Esta carta representa varias formas del Juicio Final tal como se plasman en distintas mitologías.
Algunas barajas presentan los mitos cristianos, con figuras levantándose de la tumba al son de la
trompeta del mensajero de Dios, el arcángel Gabriel. Con los brazos en alto, esperan a que se sopesen
sus acciones en vida, dejando en manos de la balanza la decisión de si deben entrar en el Cielo o en el
Infierno. Al fondo de muchas cartas se ve una cordillera infranqueable que significa que no se puede
evitar el juicio. Es inamovible. Esta carta suele asociarse con Plutón, el dios del inframundo, y en este
sentido no solo significa finales, sino también nuevos comienzos, nueva vida, renacimiento y resurrec-
ción. El Juicio significa un momento de reflexión y evaluación. Esta carta invita a hacer crítica de las
acciones pasadas y a comprenderse a uno mismo de forma objetiva. El Juicio no castiga, sino que
ofrece la posibilidad de una valoración equilibrada y la absolución. Reclama honestidad interior y
claridad de motivos en todas las acciones que salen adelante. También significa un nuevo despertar,
un depurado sentido de la dirección, un cambio positivo que afecta al resultado futuro. El Juicio
recuerda la elección y la consecuencia, la importancia de tomar decisiones sin dudar en los momentos
en que el camino se bifurca. Requiere un mayor nivel de conciencia al servicio de un bien común.
El Juicio purga, purifica y renueva.

Kim Krans · *Wild Unknown Tarot* · Estados Unidos
2012 La artista Kim Krans, una de las primeras
representantes de una generación de expertos en

tarot y creadores que han revivido y reinterpretado
los arcanos para la era moderna, autoeditó la primera edición de su baraja *Wild Unknown* en 2012.

20 JUDGEMENT

Paul Foster Case y Jesse Burns Parke · *Builders of the Adytum (BOTA) Tarot* · Estados Unidos · 1916 Creada como complemento de las numerosas publicaciones de Case sobre el tarot y la obra de su organización espiritual, esta baraja modernista refleja una evolución de las ilustraciones de los arcanos clásicos del tarot *Rider-Waite-Smith*. Case creó su baraja como una herramienta de autoconocimiento y meditación, un método para alcanzar lo que él llamó el «ajuste espiritual».

Joyce Eakins y Pamela Eakins · *Tarot of the Spirit*
Estados Unidos · 1992 Basada en la simbología
cabalística combinada con los conceptos modernos
de la meditación y el autodescubrimiento, esta

baraja de las expertas en tarot Joyce y Pamela
Eakins, madre e hija, ofrece un planteamiento
especialmente terapéutico de la tradición del tarot.

56/74   Tarot XX   Dörflinger 1995

XX

Judgement

Johannes Dörflinger · *Tarot XX (Judgment)*
Alemania · 1975 Una de las obras de la serie inspirada en los Arcanos Mayores del alemán Dörflinger.
Estas representaciones abstractas forman parte de
las colecciones de la Universidad de Harvard.

Karen Vogel y Vicki Noble · *The Motherpeace Tarot*
Estados Unidos · 1981 El influyente tarot de Karen
Vogel y Vicki Noble reinterpreta la simbología del
tarot con obras y atribuciones que giran en torno a
la mujer.

SÍMBOLOS
Figura bailando
Corona de laurel
León · Toro
Querubín · Águila
Zodiaco

XXI

EL MUNDO

ת

ÉXITO Y LIBERACIÓN

Una mujer envuelta en una tela morada baila alegremente en el centro de la carta del Mundo, con una pierna cruzada sobre la otra y una vara en cada mano. Simboliza el equilibrio y la evolución, y su danza es dinámica y cambiante. Una corona verde de laurel enmarca su cuerpo, símbolo de victoria, de culminación, del ciclo de nacimiento y renovación. En las barajas tradicionales hay una figura en cada esquina de la carta, las mismas que aparecen en la carta de la Rueda de la Fortuna: un león, un toro, un querubín y un águila. Representan los signos del zodiaco Leo, Tauro, Acuario y Escorpio, así como los cuatro elementos y los cuatro evangelistas. Juntos simbolizan la armonía entre toda la energía, y la carta del Mundo significa congruencia y culminación. El Loco ha llegado tanto al final como al comienzo de su viaje. Se ha esforzado, ha persistido y ha evolucionado. El Mundo significa catarsis, la unidad definitiva del yo interno y externo. Todo está conectado. El Mundo encarna el nirvana y la iluminación, la conciencia extática de que lo individual siempre se une al todo. El Mundo celebra la coronación de la cumbre, el logro de la unión. Y esta conciencia conlleva una alegría incontenible. El Mundo dice «SÍ». Reclama gratitud y alegría, la unión con la gran danza cósmica. El estudiante se ha convertido en maestro y, del mismo modo que la carta del Mundo marca el final de una búsqueda, también celebra el comienzo de otra.

Bonifacio Bembo y Francesco Sforza · *Visconti Brambilla Tarot* · Italia · 1463 Una de las barajas más antiguas que se conocen, este ejemplar italiano pintado a mano con detalles en pan de oro probablemente lo encargó Francesco Sforza y se creó en el estudio del artista Bonifacio Bembo a mediados del siglo XV.

The World

Norbert Lösche y Jean Huets · *Cosmic Tarot*
Alemania · 1986 Influida por la cultura pop de la
década de 1980, esta llamativa baraja de tarot de
Norbert Lösche y Jean Huets analiza la simbología
de los arcanos con una alegre estética moderna.

Ferenc Pinter · *Tarot of the Imagination* · Italia
2001 Buceando en el inconsciente para sus interpretaciones surrealistas del tarot, el artista italiano
Ferenc Pinter creó una iconografía moderna profundamente simbólica para su baraja.

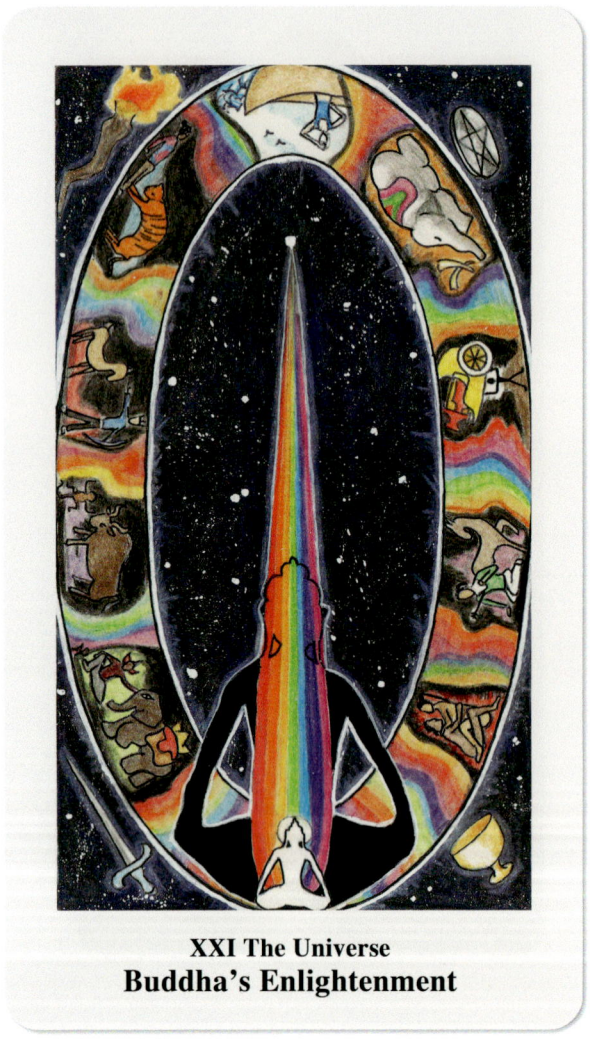

XXI The Universe
Buddha's Enlightenment

Nic Phillips y Kim Huggens · *Sol Invictus: The God Tarot* · Estados Unidos · 2007 Desde una perspectiva politeísta, el *Sol Invictus* explora los mitos espirituales de varias culturas. Con ilustraciones a todo color del artista Nic Phillips y atribuciones escritas por la experta Kim Huggens, este tarot moderno interpreta los arcanos clásicos desde una perspectiva contemporánea.

Julia Noonan y Julia Remine Piggin · *Pop Rock Tarot*
United States · 1972 Publicada por Scholastic,
esta serie de cartas de tarot recortables la diseñó la
artista Julia Noonan y se complementó con el texto
de Julia Remine Piggin. De vivos colores, las cartas
equiparaban la iconografía clásica del tarot con
títulos de canciones populares de la época.

LOS ARCANOS
MENORES

Herramientas de transformación

Los Arcanos Mayores dominan la historia del tarot con su poder arquetípico figurativo, mientras que los Arcanos Menores llenan sutilmente los espacios intermedios, analizando nuestras narraciones personales con detalles más matizados y una mayor profundidad emocional.

En la baraja estándar de tarot de 78 cartas, 56 corresponden a los Arcanos Menores, que a su vez se dividen en cuatro palos: Copas, Bastos, Espadas y Oros. En el tarot tradicional, cada uno de estos palos representa uno de los cuatro elementos naturales: las Copas simbolizan el agua, los Bastos se asocian con el fuego, las Espadas representan el aire, y los Oros, la tierra. Estos significados se extienden al yo interior y al mundo exterior, con las Copas centradas en las emociones del corazón; los astos, en el sistema de creencias del alma; las Espadas, en el mundo de la mente racional, y los Oros, en el cuerpo, los sentidos y el mundo material.

Cada palo consta de 10 cartas numeradas y cuatro figuras, que suelen llamarse Sota, Caballo, Reina y Rey, ordenadas jerárquicamente. En muchas barajas contemporáneas las figuras se denominan Hija, Hijo, Madre y Padre. De este modo, los Arcanos Menores son la parte del tarot que tal vez resulte más familiar y accesible, con su iconografía y estructura algo similares a las de los naipes estándares. Aun así, estas cartas poseen una elocuencia y una relevancia que tal vez no resulten aparentes a simple vista. Igual que en el caso de los Arcanos Mayores, se basan en un sistema creado a lo largo de siglos, una combinación de misticismo cabalístico, pensamiento hermético, mitología griega y, tal vez lo más importante, numerología.

En los Arcanos Menores, la asociación numerológica es clave para entender la simbología más profunda de cada carta. Según la época de una baraja y la escuela de pensamiento que haya detrás de su creación, puede haber leves variaciones con respecto al nombre y a la numeración. No obstante, la mayoría de las cartas numeradas están organizadas para reflejar las asociaciones numerológicas siguientes: el as (I) representa nuevos comienzos, el 2 implica dualidad, y el 3 simboliza la formación de pautas y la unión en un gran todo. El experto en tarot Manly P. Hall calificó el 3 como «el equilibrio de las unidades».

El número 4 se asocia con la estabilidad, mientras que el 5 es la ruptura de dicha estabilidad, con rebeldía, exploración. El 6 suele ir unido al reajuste y la renovación, seguido por la promesa de progreso y manifestación del 7. Considerado a menudo un número importante para el ocultismo, el 7 guarda relación con la estructura del universo, como los siete colores del arco iris y los primeros siete cuerpos celestiales observados por los primeros astrónomos. El 8 sagrado, que visto de lado representa el símbolo del infinito, se asocia a los ciclos y la naturaleza, mientras que el 9 suele ir unido a la contradicción. Por último, el número 10 simboliza la culminación y los finales.

Las cartas de las figuras, que suelen secuenciarse e identificarse como Sota, Caballo, Reina y Rey, son representaciones figurativas de los arquetipos, las facetas de nuestras personalidades que reflejan determinados atributos masculinos y femeninos y, en algunas tiradas, se refieren a una persona real que forma parte de nuestra vida. Las Sotas, por ejemplo, representan la juventud, la inocencia y la energía de los nuevos comienzos. Como el Loco, marcan el inicio de un nuevo viaje. Los Caballos suelen significar un cambio y son un reflejo de la acción, la ambición y la manifestación. Las Reinas representan la figura femenina y maternal, la cuidadora, la sanadora, y nos recuerdan la catarsis de la fertilidad y la creatividad. Los Reyes son todopoderosos, dominantes, significantes de estabilidad, éxito y sabiduría paternal.

CARTAS NUMERADAS Y FIGURAS Y SUS ATRIBUTOS

AS
Nuevos comienzos · Principio

DOS
Dualidad · Introspección

TRES
Formación de pautas
Ímpetu

CUATRO
Estabilidad · Consolidación
Equilibrio

CINCO
Ruptura de la estabilidad
Elementos nuevos

SEIS
Reajuste
Restablecimiento

SIETE
Confrontación
Promesa

OCHO
Extremos · Formulaciones
complejas

NUEVE
Contradicciones
Pronta culminación

DIEZ
Culminación · Finales

SOTA
Espíritu juvenil
Una nueva fase vital

CABALLO
Significante de acción
Ambición

REINA
Cuidado · Poder femenino

REY
Control · Protección
Masculinidad

CUALIDADES
Energía
Motivación
Pasión

BASTOS

ASTROLOGÍA
Leo
Sagitario
Aries

EL DESTINO A TRAVÉS DEL DESEO

As · Fuego naciente, valentía, el deseo y la necesidad abrumadores de crear. El As de Bastos invita a creer en nosotros mismos y a actuar de acuerdo con nuestras propias ideas y motivaciones.

Dos · Voluntad de superación, aclaración de objetivos, dominio de la voluntad. El Dos de Bastos respalda la acción persuasiva y la adopción sin prejuicios de ideas.

Tres · Impulso, creatividad, planificación. El Tres de Bastos invita a afrontar los desafíos y a explorar nuevas vías.

Cuatro · Descanso y satisfacción. El Cuatro de Bastos simboliza la libertad de la responsabilidad, la espontaneidad de acción, el orgullo por los logros y la armonía en el hogar.

Cinco · Inquietud, agitación, deseo de perseguir metas. El Cinco de Bastos implica competición, rivalidades y los desafíos que plantea nuestra lucha por el éxito.

Seis · Logros conseguidos con esfuerzo, victoria. El Seis de Bastos sugiere triunfo y un conocimiento adquirido tras muchos esfuerzos y dificultades.

Siete · Renacimiento, fuerza, resistencia. El Siete de Bastos es una carta de seguridad y resolución que invita a afrontar y superar fuerzas que pueden parecer superiores a nosotros.

Ocho · Rapidez, resolución de problemas. El Ocho de Bastos invita a estudiar la situación y pasar a la acción. Alienta a hacer una pausa para revisar opciones y replantear prioridades.

Nueve · Pronta culminación, ganando sabiduría. El Nueve de Bastos invita a estar preparados para perseverar, y a enfrentarnos a las dificultades con concentración y fuerza.

Diez · Inquietud, extralimitación. El Diez de Bastos invita a deshacernos de nuestras cargas y equilibrar el trabajo con el juego para

superar los bloqueos y liberarnos de la culpa.

Sota · Pasión, superación de obstáculos. Alegre y llena de vitalidad, la Sota de Bastos ofrece nuevos conocimientos e ideas e indica el camino hacia una nueva vía o dirección creativa.

Caballo · Deseos fugaces. El Caballo de Bastos señala nuestra inquietud y deseo de ser amados y nos invita a afrontar nuestra tendencia a ser impetuosos e impacientes.

Reina · Independencia, liderazgo. La Reina de Bastos invita a no dejarnos intimidar por los desafíos y a aprovechar el éxito al tiempo que nos adherimos a nuestros principios y creencias.

Rey · Vitalidad, alquimia, expansión. El Rey de Bastos es un modelo a seguir en cuanto a seguridad y poder, e invita a llevar a cabo acciones audaces y responsables.

Andrea Serio y Robert Negrini · *Liber T: Tarot of Stars Eternal* · Italia · 2004 Inspirada en las ilustraciones de *lady* Frieda Harris para el *Thoth Tarot*,

esta interpretación ofrece una perspectiva más abstracta de los arcanos figurativos.

Marie White · *Mary-El Tarot* · Estados Unidos 2012 La baraja *Mary-El* fue fruto de casi una década de trabajo. White ejecutó los complejos arcanos de esta baraja moderna, que comprende leyendas, simbolismo y prácticas místicas de todo el mundo, con su técnica preferida, un método utilizado por los Viejos Maestros llamado grisalla, que consiste en pintar al óleo aplicando varias capas finas de color.

Sandra y Chic Cicero · *Golden Dawn Magical Tarot* Estados Unidos · 1997 Esta baraja de tarot moderna reinterpreta las tradiciones de la Orden Hermética de la Aurora Dorada con imágenes vibrantes y atribuciones fruto de un intenso y arduo trabajo de investigación. Está inspirada en parte en el estilo ilustrativo clásico del *Thoth Tarot* y los arcanos de otras barajas datadas a principios del siglo XX.

CUALIDADES

Sentimientos
Emociones
Intuición
Creatividad

COPAS

HABLA EL CORAZÓN

ASTROLOGÍA

Piscis
Cáncer
Escorpión

As · Abundancia, comienzos y amor. El As de Copas simboliza la fertilidad, el alimento espiritual y la alegría. Evoca la positividad y la apertura emocional.

Dos · Introspección, crecimiento, encontrar espacio para nuevas experiencias. El Dos de Copas es una carta de uniones espirituales y colaboraciones armoniosas, cooperación y amistad.

Tres · Ímpetu, abundancia, energía. El Tres de Copas denota plenitud, sanación, unión, victoria, tiempo para compartir y crecimiento comunitario.

Cuatro · Cimientos estables, protección, reevaluación y maduración. El Cuatro de Copas invita a reflexionar y contemplar, a hacer una pausa antes de embarcarnos en una aventura.

Cinco · Punto de no retorno, separación, aflicción. El Cinco de Copas simboliza un cambio en necesidades y prioridades y sugiere que dejemos de lado las

lamentaciones y veamos nuestros logros y derrotas.

Seis · Recuperación y regreso al yo. El Seis de Copas marca el amanecer tras la oscuridad. Simboliza nostalgia y la inocencia despreocupada de la infancia.

Siete · Desorganización, falta de concentración. El Siete de Copas nos pide que recelemos de las fantasías y las falsas ilusiones y recuperemos la atención.

Ocho · Final de la cuerda, punto álgido, revelaciones dolorosas. El Ocho de Copas nos invita a alejarnos del pasado, a avanzar hacia algo mejor y más luminoso.

Nueve · Optimismo, confianza renovada. Encontrar la armonía tras tiempos difíciles. El Nueve de Copas refleja deseos cumplidos, agradecer lo que se ha obtenido y necesidades satisfechas.

Diez · Culminación, amor que irradia hacia el exterior en todas direcciones. El Diez de Copas

marca plenitud y sentimientos en armonía con el mundo.

Sota · Compasión, creatividad, potencial creativo a través de un manantial de emociones. La Sota de Copas es una carta de intimidad que nos anima a confiar en nuestra intuición.

Caballo · Fantasías, nuestro mundo interior. El Caballo de Copas sugiere la exploración de nuestros paisajes internos. Esta carta también implica amor emocional, proposición e invitación.

Reina · Imaginación, creatividad a través de la franqueza. La Reina de Copas invita a bucear en nuestras profundidades emocionales, a alimentar, a actuar con compasión y empatía.

Rey · Sensibilidad, gratitud, entrega. El Rey de Copas sugiere que ha llegado el momento de la diplomacia, de evaluar con la mente abierta y ponernos al servicio de los demás.

Cathy McClelland · *The Star Tarot* · Estados Unidos · 2017 La artista estadounidense Cathy McClelland creó su intrincada y onírica serie

de tarot a lo largo de varios años. Su obra suele presentar influencias de leyendas, cuentos de hadas y escenas del mundo natural.

Knight of Cups

Mary Elizabeth Evans/Spirit Speak · *Apparition Tarot* · Estados Unidos · 2018 Los sencillos y elegantes dibujos a línea enfatizados con pinceladas de colores vivos marcan la estética de los arcanos del *Apparition Tarot*.

PAGE of CUPS

David Palladini · *Aquarian Tarot* · Estados Unidos 1970 Hoy día considerada una de las barajas más influyentes de la década de 1970, en el *Aquarian* *Tarot* confluyen el arte pop y el *art nouveau* que conforman el peculiar estilo de David Palladini.

QUEEN OF SWORDS

CUALIDADES
Pensamientos
Palabras
Acciones

ESPADAS

ASTROLOGÍA
Acuario
Libra
Géminis

MENTE Y MATERIA

As · Concentración, claridad y comienzos. El As de Espadas sugiere utilizar la lógica y el análisis para tomar decisiones y buscar la verdad a través de la objetividad y la honestidad.

Dos · Decisiones, organización. El Dos de Espadas insiste en que nos enfrentemos a nuestros bloqueos y rompamos barreras. También invita a entrar en nuestros sentimientos en vez de negarlos.

Tres · Soltar, lidiar con el desencanto. El Tres de Espadas invita a ir al meollo de la cuestión y a que, cuando afrontemos un desafío, confiemos en la lógica más que en la emoción.

Cuatro · Relajación, recuperación y curación. El Cuatro de Espadas es la carta del alivio y el reposo, que invita a dedicarnos más tiempo, mirar atrás y hacer balance.

Cinco · Resolución de problemas, retroceso, búsqueda de soluciones. El Cinco de Espadas advierte del éxito a costa de los demás

y alienta la aceptación relajada de las limitaciones.

Seis · Adopción de una nueva perspectiva y abandono de antiguas conjeturas. El Seis de Espadas significa alejarse de las dificultades a través de la objetividad y la positividad.

Siete · Máscaras, autoengaño, ilusiones. El Siete de Espadas denota subterfugio y advierte de la manipulación y la deshonestidad, sobre todo con uno mismo.

Ocho · Lucha con uno mismo, autocrítica. El Ocho de Espadas simboliza la indefensión y nos advierte de que estamos atados o cegados por la deshonestidad con nosotros mismos.

Nueve · Culpa, preocupación, victimización. El Nueve de Espadas invita a enfrentarnos a nuestros sentimientos de remordimiento y obsesión, y nos alienta a enfrentarnos a las dificultades con los ojos y la mente abiertos.

Diez · Sabiduría, punto de inflexión, ascensión. El Diez de Espadas implica la posibilidad de iluminación, pero advierte de los sentimientos de autocompasión y martirio.

Sota · Búsqueda de la pasión sin ego. La Sota de Espadas está activa y vigilante. Invita a recuperar la razón y a abrazar la sabiduría de la experiencia.

Caballo · Atrevido, valiente y sin prejuicios. El Caballo de Espadas alienta la acción con aplomo, pero también alerta contra la impulsividad y la impetuosidad.

Reina · Ganancia de perspectiva, visión clara. La Reina de Espadas invita a llevar a cabo una acción honesta y astuta. Esta carta también fomenta e impulsa la comunicación directa y sin pretensiones.

Rey · Armonía y objetividad. El Rey de Espadas simboliza la toma capaz de decisiones y el poder patriarcal asertivo, ejecutado sin juzgar.

Bill Greer y Lloyd Morgan · *Morgan-Greer Tarot*
Estados Unidos · 1979 Creado por Bill Greer bajo la batuta del experto en tarot Lloyd Morgan, el

Morgan-Greer presenta influencias de la pionera Pamela Colman Smith e interpreta sus arcanos con una estética psicodélica en la estela del arte fantástico.

Robert Wang · *The Jungian Tarot* · Estados Unidos 1990 Basada en las filosofías del psicoanálisis junguiano, esta baraja de tarot –de un carácter profundamente simbólico– del artista y experto en tarot Robert Wang se creó para acompañar el libro y la serie de barajas del mismo autor titulados *Jungian Tarot Trilogy*.

Michael Dowers y Christine Payne-Towler · *Tarot of Holy Light* · Estados Unidos · 2011 A modo de evocación de las primeras barajas influyentes de Europa, la simbología clásica constituye la seña de identidad de esta elegante baraja contemporánea ilustrada por el artista Michael Dowers y documentada por la escritora y experta en tarot Christine Payne-Towler.

CUALIDADES
Finanzas
Trabajo
Posesiones

OROS

ASTROLOGÍA
Tauro
Virgo
Capricornio

OBTENCIÓN DE ABUNDANCIA

As · Objetivos logrados. El As de Oros representa los momentos en los que imaginamos y creamos. Es la carta de los resultados tangibles, el arduo trabajo que cosecha los frutos.

Dos · Flexibilidad, adaptabilidad. El Dos de Oros invita a hacer un planteamiento ágil y fluido de la vida donde llevemos a cabo multitud de tareas con un sosiego equilibrado.

Tres · Habilidad, cooperación. El Tres de Oros es una carta de acción colaborativa, que celebra nuestro potencial y nuestras aptitudes únicas, sobre todo cuando trabajamos con otras personas.

Cuatro · Solidez, control. El Cuatro de Oros nos advierte de que estemos atentos a nuestra tendencia a obstinarnos y nos recuerda que la resistencia al cambio se traduce en estancamiento.

Cinco · Problemas, preocupaciones, desequilibrio. El Cinco de Oros nos invita a ser cautelosos y no negar nuestra necesidad de otros, y que conectemos con el espíritu y con nuestro yo interior.

Seis · Perspectiva, equilibrio. El Seis de Oros significa cambios de poder que se traducen en armonía y equilibrio, y nos recuerda que la generosidad es casi siempre recíproca.

Siete · Preparación, valoración. El Siete de Oros invita a evaluar en calma, a tomarse un momento para aprender de los logros del pasado antes de embarcarnos en nuevos proyectos.

Ocho · Planificación, organización, implementación. El Ocho de Oros invita a la diligencia, a la determinación y a dar un enfoque disciplinado a nuestro trabajo y nuestra vida.

Nueve · Autosuficiencia y éxito. El Nueve de Oros representa el ingenio y la disciplina, y celebra la automotivación, así como la independencia.

Diez · Sabiduría interior y exterior, cerrando el círculo. Significa éxito, seguridad y abundancia logradas mediante la diligencia y el valor de la tradición.

Sota · Manifestación, espíritu práctico. La Sota de Oros alienta el esfuerzo práctico y focalizado, y representa el trabajo diligente recompensado con el progreso y el crecimiento interior.

Caballo · Persistencia, diligencia. Esta carta invita a llevar a cabo las tareas con paciencia y cariño, nos enseña que el trabajo arduo y las expectativas realistas son a veces el mejor planteamiento.

Reina · Crianza, reabastecimiento, generosidad. La Reina de Oros nos recuerda que conectemos con nuestro intelecto femenino, la creatividad y la naturaleza.

Rey · Confiabilidad, espíritu práctico. El Rey de Oros significa estabilidad y seguridad, y hace hincapié en el valor del éxito ganado con un intelecto ejemplar.

Alexander Daniloff · *Tarot by Alexander Daniloff* Rusia/Italia · 2010 El artista Alexander Daniloff trabaja de diseñador, artista plástico e ilustrador de libros. Su serie de barajas de tarot está inspirada en el imaginario medieval y renacentista para crear una reinterpretación moderna de los arcanos.

Peter Dunham y Linnea Gits de Uusi Studio
Pagan Otherworlds · Estados Unidos · 2016 Inspirado en la mitología celta y la iconografía clásica
del tarot, el *Pagan Otherworlds* es una de las barajas modernas creadas y encargadas por el estudio
de diseño estadounidense Uusi.

Two of Coins

Luigi Scapini · *The Medieval Scapini Tarot* · Italia
2005 Obra del artista italiano contemporáneo
Luigi Scapini, el *Medieval Scapini* es una minuciosa
recreación de las barajas medievales creadas
e impresas en Italia en el siglo XVI.

PARA LOS INQUIRIDORES

Apunte final sobre La Biblioteca de Esoterismo

La Biblioteca de Esoterismo analiza la historia visual de las ciencias ocultas a través de obras de arte que son fruto de la expresión de una gran diversidad de tradiciones y rituales. El propósito de esta serie es ofrecer una visión introductoria e inclusiva de estos antiguos rituales y explorar su complejo simbolismo desde un punto de vista objetivo más que dogmático. Todo ello con la intención de quitar el velo y sacar a la luz la apreciación más profunda de estos valiosos recursos de la psique. El conocimiento esotérico ofrece poderosos métodos de autoconocimiento y meditación. Estas prácticas mágicas han evolucionado a lo largo de los siglos para poder comprender mejor nuestro mundo interior. El objetivo de esta serie es presentar un compendio de estos antiguos sistemas y, a partir de ahí, alentar el descubrimiento de los rituales, las ceremonias y las filosofías sagradas de varias culturas de todo el mundo. Se trata de inspirar a los lectores para que indaguen en el conocimiento, para que estudien las enseñanzas de expertos del pasado y del presente que han dedicado sus vidas a dar forma y a preservar estas antiguas artes.

Esperamos que *La Biblioteca de Esoterismo* incentive a los lectores a emprender su propio viaje a través de los oscuros confines del ocultismo, a desempolvar los libros de las estanterías, a sacar las ajadas cartas de la bolsa y a extenderlas sobre un tapete de seda, a mirar al cielo y a descubrir el significado del movimiento de las estrellas.

Como afirma elocuentemente el escritor, profesor y documentalista Manly P. Hall en su obra maestra, *Las enseñanzas secretas de todos los tiempos*: «Vivir en el mundo sin percatarse del significado del mismo es como deambular por una gran biblioteca sin tocar sus libros». Más adelante, en este compendio indispensable y exhaustivo de las enseñanzas esotéricas del mundo, Hall asegura: «La única que conoce el camino es la filosofía trascendental. Solo la razón iluminada puede elevar la parte lúcida del hombre hacia la luz. Solo la filosofía puede enseñar al hombre a nacer bien, a vivir bien, a morir bien y, de forma perfecta, a volver a nacer. A este grupo de elegidos —los que han escogido la vida del conocimiento, de la virtud y de la utilidad—, los filósofos de todos los tiempos te invitan a entrar, lector».

Pamela Colman Smith · *Overture «Egmont» Beethoven*
Inglaterra · 1907 La acuarela *Overture «Egmont»*

Beethoven forma parte de las colecciones del fundador de U.S. Games, Stuart Kaplan.

CRÉDITOS DE LAS IMÁGENES

Reproducción con la autorización de AGM-Urania/Koenigsfurt-Urania Verlag, © AGM-Urania/Koenigsfurt-Urania Verlag: *52, 94, 103, 119, 134, 166*. akg-images/De Agostini Picture Library/A. Dagli Orti: *164*. Alamy Stock Photo/ MARKA: *5*; /Some Wonderful Old Things: *180*. Yoshitaka Amano: *68*. Art Resource, NY/Smithsonian American Art Museum, Washington D.C.: *189*. Álvaro Barrios and Henrique Faria Fine Art, New York: *113*. Beinecke Rare Book and Manuscript Library, Yale University/Cary Collection of Playing Cards: *12, 20, 21*; /Alfred Stieglitz/Georgia O'Keeffe Archive. Yale Collection of American Literature: *10*. Bibliothèque nationale de France: *26, 27*. Manzel Bowman: *50, 157*. Jesse Bransford: *15*. © The Trustees of the British Museum: *35*. Courtesy By the Way Books, Richmond, Texas: *42*. Estate of Giancarlo Carloni: *55, 139, 150*. Ricardo Cavolo: *77*. Francesco Clemente Studio: *70*. Courtesy Collectarot.com: *130*. Françoise Corboz: *64, 154*. Alexander Daniloff: *44, 78, 184*. © Christian Dior Couture: *148*. Michael Dowers & Christine Payne-Towler: *100, 183*. Lon Milo DuQuette: *6–7*. Paula Duró: *41*. Mary Elizabeth Evans: *40, 178*. Naipes de The Fountain Tarot de Jason Gruhl, con ilustraciones de Jonathan Saiz, © 2014 Jason Gruhl. Copyright de las ilustraciones © 2014 Jonathan Saiz. Reimpresión previo acuerdo con The Permissions Company, LLC, en nombre de Roost Books, un sello editorial de Shambhala Publications Inc., Boulder, CO, shambhala.com: *79, 137*. The Solomon R. Guggenheim Foundation, Peggy Guggenheim Collection, Venice, 1976: *48*. Sebastian Haines: *60, 102*. © President and Fellows of Harvard College: *162*. Noel Arthur Heimpel: *89, 136*. Rachel Howe: *120*. International Bear & Company: *65*. Courtesy Internet Archive: *37*. Susan Jameson: *71*. Kahn & Selesnick: *73, 96*. Emil Aminollah Kazanlár: *49*. Timo Ketola: *2*. © 2016 Kim Krans. Utilización con el permiso de HarperCollins Publishers: *158*. Maud Kristen: *72*. Isha Lerner & Amy Ericksen © 2004. Utilización con el permiso de Inner Traditions. Courtesy The Lily Stone Quarry: *43, 64, 76, 95, 114, 145, 152, 154, 155, 169*. She Likes Cutie en nombre de la artista Ohni Lisle © Ohni Lisle: *54*. Llewellyn Publications: *84, 106, 175*. © Lo Scarabeo: *104, 149, 167, 172*. Jen May: *58*. Cathy McClelland: *109, 110, 116, 146,*

176. Osvaldo Menegazzi/Il Meneghello: *95, 145*. Barbara Marzena Mirewicz-Czumaczenko: *121*. Courtesy National Gallery of Art, Washington/Rosenwald Collection: *22, 23*. © Bea Nettles 1975: *122*. Julia Noonan: *155, 169*. © Osho International Foundation, www.osho.com: *74*. Courtesy Mario Palladini: *88*. Nic Phillips & Kim Huggens: *168*. Piatnik: *82, 108*. © Pinacoteca di Brera, Milano-Mibact: *24, 25, 107*. Robert M. Place: *91*. David Gremard Romero: *86*. Tracy Roth-Myers: *88*. Daiana Ruiz: *115*. Minka Sicklinger & Bryn McKay: *90*. Caroline Smith: *59*. Swiss National Museum: *28, 29, 38*. Courtesy Tarocks.com: *30, 31*. Courtesy Tarot Garden: *55, 56, 66, 72, 82, 108, 139, 150*. Julia A. Turk: *46, 101*; /Foto Courtesy U.S. Games Systems & Ricardo Cruz: *cubierta*. Alex Ukolov & Karen Mahony, Baba Studio: *144*. © U.S. Games Systems: *53, 55, 62, 85, 92, 97, 98, 124, 125, 126, 127, 128, 132, 142, 151, 156, 161, 163, 179, 180, 182, 187*. Courtesy U.S. Games Systems: *6–7, 9, 19, 140*. Uusi: *67, 186*. © VG Bild-Kunst, Bonn 2025: *44, 48, 78, 94, 134, 162, 166, 184*; /© Niki Charitable Art Foundation: *5, 56*; /© Salvador Dalí, Fundació Gala-Salvador Dalí: *17*. James Wanless: *61, 133*. © Walter Wegmüller, Bern: *83, 138*. Marie White: *174*. Devany Amber Wolfe: *112, 143*. Laura Zuspan: *118*.

AGRADECIMIENTOS

Gracias a los artistas, escritores, editores y expertos que han sido tan amables de compartir sus conocimientos y su pasión por el tarot, en especial la encomiable colaboración de Penny Slinger, Johannes Fiebig, Marcella Kroll, Sherryl E. Smith y Julia Turk.

Queremos agradecer la generosidad y el apoyo de las siguientes personas y entidades: Stuart Kaplan, Jennifer Kaplan y Paula M. Palmer de U.S. Games Systems; Kelly Carmena de la biblioteca y el archivo de Manly P. Hall en la Philosophical Research Society; Bill Krause de Llewellyn Worldwide; Todd Partum de Partum Book Company, y los equipos de la Morgan Library, Lo Scarabeo y Uusi Design.

Gracias a todas las personas que nos han asesorado a lo largo de este proyecto, incluidos Teena Apeles, George Augusto, David Black, Manzel Bowman, Jennifer Brandt-Taylor, Maja d'Aoust, Nick Fahey, Amanda Yates Garcia, Mary Grisey, Pam Grossman, Sarah Faith Gottesdiener, Alejandro y Pascale Jodorowsky, Kate Johnson, Sophia Knapp, Alejandra Luisa León, King Khan, Michelle Mae Orr, Robert M. Place, Dra. Yolanda M. Robinson, Steven Salardino, Dra. Kate Tomas y Devany Amber Wolfe.

Por último, este libro no hubiera sido posible sin la dedicación de Nic Taylor y Lisa Doran; así como los conocimientos y la motivación de Nina Wiener, Josh Baker, Jess Sappenfield, Frank Goerhardt, Marion Boschka, Andy Disl y Benedikt Taschen.

— JESSICA HUNDLEY, Los Ángeles

(cubierta) Julia Turk · «El Sol» de *Navigators Tarot of the Mystic Sea* · Estados Unidos · 1994 (contracubierta) Pamela Colman Smith · «La Rueda de la Fortuna» del *Rider-Waite-Smith Tarot* · Estados Unidos · 1910

(pág. 2) T. Ketola · *The Tree of Life and Death* Italia · 2008 (pág. 5) Niki de Saint Phalle · Escultura *La Estrella* del *Giardino dei Tarocchi* («El jardín del Tarot»), en la Toscana · Italia · 1978-2002 (págs. 6-7) Lon Milo DuQuette · El Loco del *Tarot of Ceremonial Magick* · Estados Unidos · 1997

LA BIBLIOTECA DE ESOTERISMO · TAMBIÉN DISPONIBLES

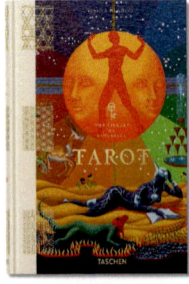 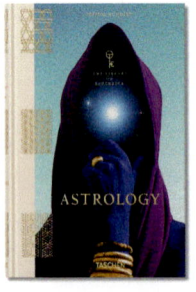 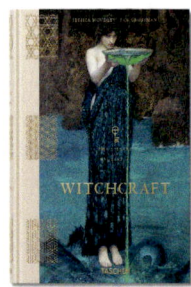

 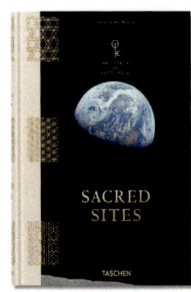 

PIE DE IMPRENTA

Edición y redacción de Jessica Hundley · Diseño de Thunderwing, Los Ángeles · Traducción de Carme Franch Ribes para Delivering iBooks & Design, Barcelona

Todas las imágenes y citas son © Copyright del correspondiente propietario de los derechos de autor. En caso de advertir algún error u omisión en la consignación de los créditos, póngase en contacto con el editor.

CADA LIBRO DE TASCHEN SIEMBRA UNA SEMILLA
Cada año compensamos nuestras emisiones de carbono con créditos de carbono del Instituto Terra, un programa de reforestación de Minas Gerais (Brasil) fundado por Lélia y Sebastião Salgado. Para saber más sobre esta colaboración para la protección del medio ambiente, consulte www.taschen.com/institutoterra. Inspiración: infinita. Huella de carbono: (casi) cero.

¿Quiere ver más? Visite taschen.com para consultar nuestro actual catálogo, hojear el último número de nuestra revista o suscribirse a nuestra newsletter.

© 2025 TASCHEN GmbH
Hohenzollernring 53, D–50672 Köln
www.taschen.com

ISBN 978-3-7544-0169-9
Printed in Italy